왕을 낳은
칠궁의 후궁들

왕을 낳은 칠궁의 후궁들

홍미숙 지음

글로세움

차 례

글을 시작하며 · 8
왕이 끔찍이 사랑한
왕을 낳은 8명의 후궁들을 만나다

 ## 실제 왕을 낳은 칠궁의 후궁들

왕을 낳았지만 칠궁에 들지 못한 비운의 후궁 · 20
공빈 김씨(제14대 왕 선조의 후궁)
제15대 왕 광해군의 어머니

궁녀에서 왕비까지 초고속 승차한 후궁 · 44

대빈궁의 희빈 장씨(제19대 왕 숙종의 후궁)
제20대 왕 경종의 어머니

무수리 출신으로 최장수 왕을 낳은 후궁 · 70

육상궁의 숙빈 최씨(제19대 왕 숙종의 후궁)
제21대 왕 영조의 어머니

삼간택 거친 성품 온화한 후궁 · 96

경우궁의 수빈 박씨(제22대 왕 정조의 후궁)
제23대 왕 순조의 어머니

추존왕을 낳은 칠궁의 후궁들

인생의 만추를 맛본 후궁 · 120

저경궁의 인빈 김씨(제14대 왕 선조의 후궁)
추존왕 원종의 어머니

꽃대궐 구경도 못하고 세상 뜬 후궁 · 140

연호궁의 정빈 이씨(제21대 왕 영조의 후궁)
추존왕 진종의 어머니

손자에게 죄인이 된 후궁 · 158

선희궁의 영빈 이씨(제21대 왕 영조의 후궁)
추존왕 장조의 어머니

민비를 배신하고 승은을 입은 후궁 · 184
덕안궁의 순헌황귀비 엄씨(제26대 왕 고종의 후궁)
영친왕의 어머니

부록

1 〈조선왕계도〉 · 210
2 〈조선왕릉 42기〉 · 222
3 〈조선의 원 14기〉 · 225
4 〈조선의 대원군 묘 3기 〉 · 226
5 〈태조의 4대조 왕릉 4기〉 · 226
6 〈조선왕릉 상설도〉 · 227

참고문헌 · 230

왕이 끔찍이 사랑한
왕을 낳은 8명의 후궁들을 만나다

조선의 왕과 왕비의 신주를 모신 종묘(宗廟) 다음으로 큰 사당이 칠궁(七宮)이다. 칠궁에는 조선의 왕을 낳았으나 왕비가 되지 못한 7명의 후궁들 신주가 모셔져 있다. 왕이 끔찍이 사랑했던 후궁들의 사당인 셈이다.

1392년부터 1910년까지 519년 동안 조선을 통치해온 실제 왕은 27명이다. 그중 15명만이 실제 왕비의 소생이다. 조선의 실제 왕비는 3명의 폐비(성종의 폐비 윤씨, 연산군의 폐비 신씨, 광해군의 폐비 류씨)를 포함하여

41명이나 된다. 그들 중 13명만이 왕을 낳았고, 28명은 왕을 낳지 못했다.

27명의 왕들 중 15명만 왕비의 소생으로 태어나 왕이 되었는데 제1대 왕 태조의 원비 신의왕후 한씨와 제4대 왕 세종의 비 원경왕후 민씨가 각각 2명의 왕을 낳았으니 12명의 왕이 왕비의 소생이 아니다. 추존 왕비의 소생 5명, 대원군부인의 소생 3명, 후궁의 소생 4명 등이 적자가 아니지만 실제 왕이 되었다.

왕비가 왕위를 계승할 왕자를 낳지 못하면 후궁이 낳은 아들이 왕위에 오를 수밖에 없었다. 제1대 왕 태조부터 제13대 왕 명종까지는 계속 왕과 왕비 사이에서 태어난 적자가 왕위를 이었다.

그런데 명종이 후사를 남기지 못하고 세상을 떠나자 적자만이 물려받던 왕위를 후궁이 낳은 서자가 물려받을 수밖에 없는 상황이 되었다. 명종과 인순왕후 심씨 사이에 순회세자가 태어났지만 13세에 요절하는 바람에 적통의 시대가 막을 내렸다. 더 이상 왕비에게서 왕자가 탄생하지 않았기 때문이다. 어찌 보면 명종이 서자들에게 희망의 물꼬를 터준 셈이다.

명종이 세상을 뜬 뒤 제11대 왕 중종과 그의 후궁 창빈 안씨 사이에서 태어난 덕흥대원군의 3남 하성군이 제14대 왕 선조로 즉위하게 되었다. 적통에서 방계 혈통인 서손이 왕위를 잇게 되었다. 서자도 아닌 서자가 낳은 아들, 서손이 왕위를 물려받게 된 것이다.

명종에 이어 방계 혈통으로 왕위에 오른 선조도 적통에게 왕위를 물려주지 못하고 세상을 떠났다. 선조에게는 유일한 적자로 영창대군이 있었다. 하지만 선조가 세상을 떠날 때 영창대군의 나이가 3세밖에 안 되어 왕위를 이어받지 못했다.

선조의 원비 의인왕후 박씨는 아예 자녀를 낳지 못하는 석녀로 살다가 세상을 떠났다. 다행히 계비로 맞이한 인목왕후 김씨가 고맙게도 선조의 적자로 영창대군을 낳았다. 그러나 영창대군이 너무 어린 나이에 선조가 세상을 뜨는 바람에 적자에게 왕위를 이어주려던 선조의 꿈이 무산되고 말았다.

그 결과 선조의 제1후궁 공빈 김씨의 소생인 광해군에게 왕의 자리가 넘어갈 수밖에 없었다. 서자였던 광해군이 가까스로 34세의 나이에 선조의 뒤를 이어 조선의 제15대 왕이 되었다.

하지만 1623년 3월(광해군 15년 1개월) 선조의 또 다른 후궁 인빈 김씨의 아들 정원군의 맏아들 능양군이 반정을 주도하여 이복 삼촌인 광해군을 몰아내고 제16대 왕으로 등극하였다.

그로 인하여 선조의 제1후궁으로 광해군을 낳은 공빈 김씨는 실제 왕의 어머니가 되어 좋았다가 말았고, 선조의 제2후궁 인빈 김씨는 손자인 인조 덕에 추존왕의 어머니가 되어 종묘 다음으로 큰 사당인 칠궁에 신주가 모셔지게 되었다. 그녀의 손자가 왕이 되면서 아들 정원군이 추존왕이 되었기 때문이다.

세상사를 비롯 역사에서도 누군가 망하면 누군가는 흥한다는 말이 맞나 보다. 그야말로 광해군의 어머니 공빈 김씨는 망하고, 추존왕 원종의 어머니이자 인조의 할머니인 인빈 김씨는 흥하게 되었다. 광해군을 낳은 공빈 김씨는 아들 광해군이 폐위된 후 복위되지 못한 채 죽는 바람에 비참한 신세가 되고 말았다.

광해군은 왕위에 오르면서 자신의 어머니인 공빈 김씨의 묘를 왕릉으로 격상하고, 왕후(공성왕후)로 추존하였다. 하지만 이 모든 일이 아무 소용이 없었다. 공빈 김씨는 아들 광해군이 15년 1개월이나 왕위에 올라있었으나 끝내 왕을 낳은 후궁들의 사당인 칠궁에 신주가 모셔지지 않았다.

우리나라에서 가장 큰 사당인 종묘는 서울특별시 종로구 훈정동 1-2번지에 위치하고 있는데 그곳에는 조선의 왕과 왕비, 그리고 죽은 후 왕으로 추존된 왕과 왕비의 신주가 모셔져 있다.

그 다음으로 큰 사당이 바로 칠궁이다. 칠궁은 조선의 왕을 낳은 7명의 후궁들 신주가 모셔져 있다. 그들은 왕이 끔찍이 사랑했던 후궁들로 왕을 낳았지만 끝내 왕비에는 오르지 못했다. 왕의 어머니로만 만족해야 했던 7명의 후궁들 신주가 모셔져 있는데 서울특별시 종로구 궁정동 1-1번지로 청와대 서쪽에 자리하고 있다.

칠궁에서는 광해군의 어머니 공빈 김씨가 가장 웃어른이 될 뻔했는데 광해군이 폐위되는 바람에 신주조차 모셔지지 못했다. 대신 선조의 후궁인 인빈 김씨가 제일 어른이 되어 저경궁(儲慶宮)에 신주가 자리하고 있다.

다음에는 제19대 왕 숙종의 후궁으로 제20대 왕 경종을 낳은 희빈 장씨의 신주가 대빈궁(大嬪宮)에, 숙종의 후궁으로 제21대 왕 영조를 낳은 숙빈 최씨는 육상궁(毓祥宮)에, 영조의 후궁으로 추존왕 진종을 낳은 정빈 이씨의 신주는 연호궁(延祜宮)에, 영조의 후궁으로 추존왕 장조를 낳은 영빈 이씨의 신주는 선희궁(宣禧宮)에, 정조의 후궁으로 순조를 낳은 수빈 박씨의 신주는 경우궁(景祐宮)에, 그리고 고종의 후궁으로 조선의 마지막 황태자인 영친왕을 낳은 순헌황귀비 엄씨의 신주는 덕안궁(德安宮)에 모셔져 있다.

칠궁에 신주를 모신 왕을 낳은 후궁들 7명은 그나마 행운이다. 왕비가 낳지 못한 왕을 낳았으니 하는 말이다. 그래도 그들은 왕비가 되지 못한 것이 억울해 죽어서도 잠 못 이루고 있을지도 모른다. 하지만 자신이 낳은 아들이 왕이 된 것만 해도 가슴이 벅차고도 남을 일이 아닌가 싶다. 그들은 왕비보다 왕의 사랑을 더 많이 받았을 것은 물론이다. 반면 왕비들은 왕을 낳은 후궁들로 인해 허구한 날 눈물로 밤을 지새웠을 것이다. 후궁의 몸으로 왕의 어머니가 된 것만 해도 행운 중의 행운이요, 영광 중의 영광일 것이다.

조선의 왕비들 이야기 못지않게 왕을 낳은 후궁들 이야기 또한 흥미롭다. 연산군의 어머니이자 성종의 계비였던 폐비 윤씨를 왕을 낳은 왕비들에 포함시켰듯이 칠궁에 신주가 모셔질 뻔했던 광해군의 어머니이자 선조의 제1후궁 공빈 김씨의 이야기도 왕을 낳은 후궁들 이야기에 포함시켰다. 어쩌면 왕을 낳아 왕의 어머니가 되었으면서도 왕비는커녕 죽어서도 왕 곁에 잠들 수도 없었던 후궁들의 이야기가 왕비들보다 더 흥미진진할지도 모르겠다.

　왕을 낳은 후궁들은 살아서는 왕을 낳지 못한 왕비들보다 훨씬 더 많이 왕 곁에 잠들 수 있었을 것이다. 하지만 아무리 왕의 사랑을 받았다 해도 죽어서는 왕비가 아닌 이상 왕 곁에는 얼씬도 못했다. 신주도 왕 곁에 모셔질 수 없었다. 국법이 왕보다 무서웠으니 감히 엄두도 못 낼 일이었다.

　칠궁에 신주가 모셔져 있는 7명의 후궁들 중 유일하게 왕비의 자리에 올랐던 후궁이 있다. 바로 희빈 장씨다. 그러나 그녀는 온갖 비행으로 끝내 폐비가 되어 후궁으로 강등되고 말았다. 그나마 연산군의 어머니처럼 서인으로 강등되지 않은 것은 그야말로 천운이다. 그녀의 아들 경종은 왕위에 오르긴 했지만 마음고생을 엄청 많이 했다. 경종 역시 독살설이 제기되고 있기는 하나 그럭저럭 왕위를 지키다 세상을 뜬 것 또한 천운이 아닐 수 없다.

　이렇게 희빈 장씨는 조선왕조가 문을 연 이래 궁녀 출신으로 왕비까지 오른 조선 최초이자 마지막 왕의 여인이다. 왕비는 얼굴만 예쁘다고 되는 게 아님을 희빈 장씨가 확실히 가르쳐 주었다.

희빈 장씨 이후에는 후궁은 다음 보위를 이을 왕을 낳았어도 결코 왕비에 오를 수 없었다. 희빈 장씨의 악행에 질려버린 숙종이 아예 국법을 고쳐버렸기 때문이다. 그러니 왕비가 세상을 떠난 뒤에도 왕비의 자리를 넘볼 수 없었고 후궁으로 만족해야만 했다.

아무튼 이 책에서는 후궁의 몸으로 왕을 낳았지만 왕비가 되지 못했던 칠궁의 여인들을 한 명 한 명 만나 흥미진진한 이야기를 나누어 볼 참이다.

칠궁은 원래 제21대 왕 영조의 생모 숙빈 최씨의 육상궁 자리였다. 무수리 출신으로 알려져 있는 그녀는 숙종의 후궁이 되어 조선의 최장수 왕이자 최장기 집권왕이었던 영조를 낳았다.

효자 중의 효자였던 영조는 왕이 되자마자 그해(1725년)에 경복궁의 서쪽에 어머니 숙빈 최씨의 사당을 지었다. 처음에는 숙빈묘(淑嬪廟)라 이름 지었다. 그 후 1744년(영조 20년)에 육상묘(毓祥廟)로 이름을 고치고, 다시 1753년(영조 29년)에 육상궁(毓祥宮)으로 이름을 고쳐지었다. 말해 무엇하랴. 영조는 어머니 숙빈 최씨의 신주가 모셔져 있는 칠궁에 200번이 넘을 정도로 찾아갔다고 한다. 그만한 효자가 또 어디 있겠는가 싶다.

어찌 보면 왕을 낳은 후궁들 7명은 영조와 어머니 숙빈 최씨의 덕을 본 셈이다. 숙빈 최씨의 사당이 있던 자리로 모두 옮겨와 오늘날에도 대접을 받고 있으니 하는 말이다.

그런데 안타깝게도 영조의 정성이 곳곳에 배어 있던 숙빈 최씨의 사당 육상궁이 1882년(고종 19년) 불에 타 없어지고 말았다. 다행히 1883년(고종 20년) 다시 지었다. 하지만 고종이 영조만큼 정성을 다해 지었을까 싶다.

그 후 육상궁은 1908년(순종 융희 2년) 7월 23일 왕과 추존왕의 생모 5명의 신주들을 모아 봉안하면서 육궁이 되었다. 먼저 1870년(고종 7년)에 영조의 제1후궁 정빈 이씨의 연호궁이 옮겨와 육상궁과 합사되었고, 1908년(순종 융희 2년)에는 칠궁에서 가장 선배인 선조의 제2후궁 인빈 김씨의 저경궁과 더불어 숙종의 후궁 희빈 장씨의 대빈궁이 입주하였다. 이어서 영조의 제2후궁 영빈 이씨의 선희궁, 정조의 후궁 수빈 박씨의 경우궁이 옮겨왔다. 그리고 마지막으로 1929년 고종의 후궁 순헌황귀비의 덕안궁이 옮겨와 칠궁이 되었다.

칠궁은 종묘와 함께 왕실 사당으로서 귀중한 표본임을 인정받아 사적 제149호로 지정되었다. 현재 청와대 서쪽 영빈관 옆에 자리하고 있다. 1968년 청와대를 습격하려다 미수에 그친 '김신조 사건'으로 인해 그동안 33년이나 관람이 금지되었다. 그러다 2001년부터 계속 관람객을 받고 있다.

이곳은 청와대에 관람 신청을 한 뒤 허가를 받아 관람할 수 있다. 그런데 2018년 6월부터는 청와대 관람객에 한해 개방되었던 것을 단독 예약제로 전환했다. 문화재청 홈페이지에서 칠궁 특별관람 예약을 하면 된다. 개인으로 갈 경우에는 그냥 칠궁 안내소를 찾아가면 된다. 나는 이곳을 여러 번 답사하였다.

칠궁은 다섯 채의 건물에 7명의 후궁들 신주가 각각 나누어 모셔져 있다. 크게 재실 영역, 삼락당 영역, 냉천정 영역, 육상궁 영역, 대빈궁과 경우궁 영역으로 나뉘어 있다.

비록 칠궁의 공간은 좁지만 왕을 낳고도 왕비가 되지 못한 후궁들의 사연은 왕 곁에 신주가 나란히 모셔진 종묘의 왕비들 사연 못지않다고 본다.

그동안 출판된 조선왕조 이야기들 중 이 책은《왕 곁에 잠들지 못한 왕의 여인들》,《사도, 왕이 되고 싶었던 남자》,《조선이 버린 왕비들》,《왕이 되지 못한 비운의 왕세자들》에 이은《왕을 낳은 칠궁의 후궁들》로 다섯 번째 조선왕조 이야기다.

늘 그렇지만 책을 출판할 때면 두렵고 걱정이 앞선다. 사료조사를 충분히 하지 못한 것 같아서다. 그래도 왕을 낳았으나 왕비가 되지 못한 8명의 후궁들 삶을 통해 인생을 돌아보는 계기가 되었으면 좋겠다.

이번에도 조선왕조 이야기를 계속 쓸 수 있도록 큰 힘이 되어주고 있는 많은 분들께 진심으로 감사드린다. 누구보다《조선왕조실록》이 후세에 전해질 수 있도록 역사적 사실을 꼼꼼히 기록한 사관들과 그 기록을 한글로 번역해준 선생님들께 진심으로 감사드린다. 아울러 조선왕조에 관한 책을 앞서 출판해주신 작가님들께도 감사드린다.

그분들 덕분에 역사를 더 깊이 있게 사랑하게 되었고, 좋아하게 되었다. 그리고 이 책을 멋지게 출판해주신 출판 관계자 분들 모두에게도 고마울 따름이다.

2020년 한여름 도서관 열람실에서

홍미숙 씀

왕을 낳았으나 왕비가 되지 못한 7명의 후궁들 신주를 모셔놓은 우리나라에서 종묘 다음으로 큰 사당이 칠궁이다. 이곳에는 왼쪽부터 인빈 김씨의 저경궁, 희빈 장씨의 대빈궁, 영빈 이씨의 선희궁, 수빈 박씨의 경우궁, 그 옆으로 숙빈 최씨의 육상궁, 정빈 이씨의 연호궁이 자리하고 있으며, 선희궁 앞으로는 순헌황귀비의 덕안궁이 자리하고 있다. 외삼문은 칠궁의 정문이다.

1부

실제
왕을 낳은

칠궁의
후궁들

왕을 낳았지만
칠궁에 들지 못한 비운의 후궁

청와대 본관 전경이다. 청와대 본관 서쪽 영빈관 바로 옆에 칠궁이 있다. 종묘 다음으로 큰 사당인 칠궁에는 조선의 왕을 낳은 7명 후궁들의 신주가 모셔져 있다. 그러나 이곳에 제15대 왕 광해군을 낳은 공빈 김씨의 사당은 없다. 아들 광해군이 왕위에 오른 지 15년 1개월 만에 폐위되어 폐왕이 되었기 때문이다. 공빈 김씨는 살아서 선조의 사랑을 듬뿍 받았지만 가장 운이 나쁜 후궁이 되었다.

왕을 낳았지만 아들이
폐위되니 슬프기 그지없다

　공빈(恭嬪) 김씨(1553~1577)는 사포 김희철과 안동 권씨의 딸로 명종 8년에 태어났다. 그녀보다 훨씬 더 오래 살았던 아버지 김희철은 외손자 광해군(1575~1641)이 왕위에 오르기 전인 1592년(선조 25년) 임진왜란 때 의병장으로 활동하다가 전사했다.

　공빈 김씨는 궁인으로 입궁하여 제14대 왕 선조(1552~1608)의 승은을 입은 뒤 내명부 정3품인 소용이 되었다. 그 후 종2품 숙의로 있을 때 선조의 맏아들 임해군을 낳아 종1품 귀인에 봉해졌고, 차남인 광해군을 낳자 마침내 왕비 다음으로 높은 정1품 빈에 책봉되었다. 그 후 그녀가 낳은 둘째 아들 광해군이 제15대 왕이 되면서 왕의 어머니가 되었다. 본관은 김해이다.

　공빈 김씨는 선조의 첫 번째 후궁이자 추존 왕후이며 임해군, 광해군 형제의 생모다. 차남 광해군이 왕으로 즉위하면서 왕후로 추존되어 자숙단인공성왕후(慈淑端仁恭聖王后)의 시호와 성릉(成陵)의 능호가 내려졌다. 그러나 15년 넘게 왕위에 올랐던 아들 광해군이 폐위되는 바람에 그녀에게 내려졌던 시호 및 능호도 삭탈되었고, 왕을 낳은 후궁들의 사당인 칠궁에 신주도 모셔지지 못했다.

왕비의 소생이 없으면 후궁의 아들이 왕위 계승을 할 수밖에 없다. 왕비가 낳은 장남이 세자로 책봉되었다가 왕위를 계승할 경우에는 큰 문제가 없는데 그렇지 않은 경우가 많았다. 이럴 경우 왕위 계승 문제로 왕자들이 목숨을 잃곤 했는데 동복형제, 이복형제 가리지 않고 왕위 다툼을 벌였다. 왕좌에 오르지 못한 왕자들은 희생양이 되어 유배를 가거나 사사되곤 했다.

조선왕조를 가만히 들여다보면 이상하게 맏아들인 장남이 있어도 차남이 왕위를 이어받은 경우가 많았다. 27명의 조선왕들 중 맏아들은 문종, 단종, 연산군, 인종, 인조, 현종, 숙종, 경종, 헌종 등 9명뿐이다. 세종은 셋째 아들로 왕위를 이어받은 후 어려움을 겪어서인지 장남이 왕위를 계승해야 한다는 원칙을 세워 일찌감치 자신의 장남 문종을 세자로 책봉하였다. 그러나 세월을 거듭하면서 장남은커녕 적자에게 왕위를 물려주기도 어려웠다. 생각보다 많은 왕비들이 왕자를 생산하지 못했기 때문이다. 공빈 김씨가 낳은 아들 중 차남인 광해군이 왕이 된 것만 봐도 그렇다.

공빈 김씨에 대한 야사를 보면 그녀는 소주방 나인이었다가 선조의 승은을 입었다고 한다. 선조는 당시 서손이었던 그가 왕위에 오를 수 있게 해 준 사람이 바로 명종의 비 인순왕후 심씨였지만 그녀의 마음을 거슬리게 했다. 선왕인 명종의 상 중에 궁녀인 김씨를 가까이했기 때문이다. 선조는 명종의 3년 상이 끝나고 의인왕후 박씨와 혼인한 지 얼마 되지 않았을 때도 공빈 김씨와 사랑에 빠져 지냈다.

그러다 공빈 김씨와의 사이에서 딸조차 귀한 왕실에 장남으로 임해군을, 차남으로 광해군을 낳았다. 공빈 김씨는 아들 둘을 낳은 덕분에 빈이 되었고, 위세는 점점 높아졌다. 그러나 공빈 김씨는 선조의 원비인 의인왕후 박씨를 제치고 선조의 사랑을 독차지했지만 안타깝게도 광해군을 낳은 후 산후병에 걸려 사망하고 말았다.

⚜ 선조와 공빈 김씨 사이에 차남으로 태어난 광해군이 왕이 되기 전에 살았던 잠저인 이현궁 터를 지키고 있는 봄, 가을의 은행나무다. 보호수로 수령이 500년이 넘어가니 광해군이 이곳에 살았을 때 서로 올려다보고 내려다보고 했을 나무다. 광해군을 낳은 지 2년만인 3세 때 어머니 공빈 김씨가 세상을 떠났으니 이곳 이현궁에 모자가 함께 살지는 못했을 것이다.

선조에게 두 아들을 선물하고 사랑받다

공빈 김씨는 선조의 제1후궁으로 다른 후궁들이 선조에게 외면당하기 일쑤였지만 그녀 만큼은 선조의 사랑을 독차지했다. 《조선왕조실록》에도 잘 드러나 있듯 그녀는 죽어서도 선조의 총애를 독차지하고 싶었나 보다. 공빈 김씨는 죽기 전에 수시로 선조에게 "제가 아픈 건 다른 후궁들의 저주 때문입니다."라고 말했다. 실제로 선조는 그걸 믿고 다른 후궁들에게 모질게 대했다.

> 김씨는 본디 상의 총애를 입어 후궁들이 감히 사랑에 끼어들지 못하였다. 병이 위독해지자 상에게 하소연하기를, '궁중에 나를 원수로 여기는 자가 있어 나의 신발을 가져다가 내가 병들기를 저주하였는데도 상이 조사하여 밝히지 않았으니, 오늘 죽더라도 이는 상이 그렇게 시킨 것이다. 죽어도 감히 원망하거나 미워하지 않겠습니다.' 하였는데, 상이 심히 애도하여 궁인을 만날 적에 사납게 구는 일이 많았다.
>
> 《선조수정실록》 11권, 선조 10년 5월 1일 무자 3번째 기사 1577년 명 만력 5년

이런 공빈 김씨에 대한 선조의 사랑에도 불구하고 1577년(선조 10년) 25세의 젊은 나이로 세상을 떠나고 말았다.

그 후 공빈 김씨를 대신하여 제2후궁이었던 인빈 김씨가 선조를 극

진히 모셔 그녀 이상으로 총애를 받기 시작했다. 선조는 인빈 김씨의 극진한 사랑에 죽은 공빈 김씨를 애도하는 마음이 점점 줄어들게 되었다. 인빈 김씨는 선조에게 공빈 김씨의 허물을 자주 들춰내었고, 공빈 김씨의 그림자를 걷어냈다. 더하여 아들로 의안군, 신성군, 정원군, 의창군 등 4남을 낳았고, 딸도 5녀를 낳았다. 공빈 김씨 머리 꼭대기에 인빈 김씨가 있었던 것이다. 인빈 김씨에 대한 선조의 총애는 이전 공빈 김씨에 대한 것보다 훨씬 컸다.

일찍 세상을 뜬 광해군의 어머니 공빈 김씨만 억울하게 되었다. 이렇게 인빈 김씨는 행운을 맞았지만 공빈 김씨와는 동서 사이가 아닌 원수 사이가 되어버렸다.

나라는 왕이 움직이지만 그 왕은 여인이 움직인다는 것을 선조만 봐도 알 수 있다. 선조는 인빈 김씨에 대한 사랑이 커지면서 그녀의 소생인 차남 신성군을 세자에 책봉하려고 했을 정도였다. 남자인 선조의 마음이 더 갈대 같았다. 도무지 선조의 마음은 종잡기 어려웠다. 그래도 후궁들끼리 서열이 있긴 있었나 보다. 제1후궁이었던 공빈 김씨의 아들인 광해군을 세자로 삼은 것을 보니 말이다.

광해군을 낳고 2년 만에 세상 뜨다

공빈 김씨는 1574년(선조 7년) 선조의 서장자인 임해군을 낳은 뒤

연년생으로 차남인 광해군을 낳아 선조의 사랑을 독차지했다. 그러나 광해군을 낳고 산후통이 이어져 2년 만인 1577년 음력 5월 27일, 25세의 나이로 세상을 떠났다. 광해군이 3세 때 그녀가 사망한 것이다.

광해군은 어머니를 잃은 후 인빈 김씨의 손에서 자랐다. 광해군도 그녀를 친어머니 이상으로 따랐고, 그녀도 광해군에게 다정히 대해주었다.

공빈 김씨는 광해군을 낳기만 했지 어머니로서 따뜻한 사랑으로 보듬어주지 못하고 일찍 세상을 떠났다. 어머니의 사랑이 얼마나 소중한지, 자녀에게 미치는 영향이 얼마나 큰지 광해군만 봐도 알 수 있다. 광해군은 어머니의 사랑을 제대로 받지 못하고 성장한 왕 중의 한 명이다. 공빈 김씨가 좀 더 오래 살아 광해군을 사랑으로 키웠다면 그리 모난 성품이 되지 않았을지도 모른다. 3세에 어머니를 여의었으니 기억조차 못 할 것이다. 그 결과 그녀의 아들 광해군은 어렵게 오른 왕위마저 끝내 지켜내지 못하고 폐위되고 말았다.

사람은 누구나 기쁜 일이 있을 때나 슬픈 일이 있을 때 어머니가 가장 먼저 떠오르게 마련이다. 광해군 역시 60여 년 동안 파란만장한 삶을 살면서 어머니를 몹시도 그리워했다. 앞날은 아무도 예측할 수 없음을 공빈 김씨 모자가 또 다시 확인시켜 주었다.

인빈 김씨가 부러워했을 공빈 김씨의 시대는 그렇게 가고, 인빈 김씨의 시대가 서서히 찾아오고 있었다.

광해군이 왕위에 오르면서
왕을 낳은 어미가 되다

광해군의 아버지 선조는 후궁들이 아들을 아무리 많이 낳아도 그의 원비 의인왕후 박씨에게 아들이 태어나지 않아 애를 태웠다. 선조 자신이 적출이 아닌 상태에서 왕위에 올랐기 때문에 나름 콤플렉스가 있었기 때문이다.

그러나 원비 의인왕후 박씨는 왕비로 책봉되자마자 몸이 아파 대부분 누워 지냈으므로 후사를 잇기가 어려웠다. 선조는 기다리다 못해 공빈 김씨 소생인 제1왕자 임해군을 세자로 삼으려 하였다. 그런데 그가 광패하다는 이유를 들어 신하들이 반대하여 제외되었다.

그 후 선조는 1592년(선조 25년) 임진왜란 때 피난지인 평양에서 서둘러 임해군의 친동생 광해군을 세자로 책봉하였다. 이때 광해군의 나이 18세였다. 광해군은 임진왜란과 정유재란 중 의병을 모집하고 군량을 조달하는 등의 활동을 전개하였다.

광해군이 왕위에 오르는 데에는 많은 어려움이 따랐다. 선조의 계비 인목왕후가 적출로 영창대군을 낳자 이를 후사로 삼으려는 소북파와 광해군을 지지한 대북파가 나뉘어 갈등이 심했다.

선조는 적출을 왕위에 올리지 못해 아쉬웠지만 그가 죽음을 앞에 두었을 때 영창대군은 3세밖에 안 되었으니 어쩔 수 없었다. 그리하여 선조는 영창대군 대신 광해군에게 왕위를 이어받게 하라는 교서를 내렸다. 그런데 이 교서가 영창대군을 지지하는 소북파의 손에 들어가 소실되려다가 결국 발각되고 말았다. 그러나 선조가 승하한 바로 다음날 선조의 계비 인목왕후 김씨의 언문 교지에 따라 광해군이 왕위를 계승하게 되었다. 이 상황에서 인목왕후 김씨도 광해군에게 왕위를 넘겨주지 않을 수 없었을 것이다. 결국 공빈 김씨가 낳은 광해군이 조선의 제15대 왕으로 등극하였다.

광해군의 부인 류씨는 문양부원군 유자신과 봉원부부인 정씨의 3남 3녀 중 막내딸로 선조 31년에 태어나 왕비가 되었다. 광해군은 류씨와의 사이에 1남으로 이지(1598~1623)만을 두었고, 후궁 숙의 윤씨와의 사이에 1녀를 두었다. 유일한 왕자로 태어난 이지가 광해군의 왕위를 물려받을 세자로 책봉되었다.

광해군이 왕위에 오르자 명나라에서는 세자책봉 과정에 대한 진상

✤ 선조의 유일한 적자로 태어난 영창대군 묘와 어머니 인목왕후 김씨의 목릉 능침이다.

조사단을 파견하였다. 서자가 왕위를 계승하게 되니 명나라에서는 이에 대한 논란이 일었고, 현장 실사를 위해 사신이 파견되었다.

명에서 왕위계승에 대한 진상조사를 하겠다고 나오자 조정에서는 임해군이 문제를 일으킬 우려가 있다면서 유배시켜야 한다는 주장을 펴 친형인 임해군을 유배시켰다. 사실 임해군은 왕위를 도둑맞았다면서 노골적으로 광해군을 비방하고 다녔다. 그 때문에 집권당인 대북파는 이를 그냥 묵과할 수가 없었다.

명나라의 현장 실사로 광해군의 심기는 무척 괴로웠다. 이미 세자 책봉 과정에서 광해군이 장자가 아니라는 이유로 고명을 거부했던 명나라였기 때문이다. 그러니 광해군이 명나라에 대한 감정이 좋을 리 없었다. 더군다나 왕위를 계승한 후에 진상조사단을 파견하는 것은 그야말로 조선 조정과 광해군을 무시한 처사가 아닐 수 없었다.

광해군은 이에 대한 분노의 표출로 그의 왕위 계승을 반대했던 소북파, 그리고 명분론과 대명사대주의를 강조하던 유생들을 제거하였

✤ 광해군은 선조의 계비 인목왕후 김씨와 유일한 딸 정명공주를 5년여 동안 덕수궁의 석어당에서 유폐생활을 하게 했다. 인목왕후 김씨를 유폐시켰던 이 석어당 앞마당에서 광해군 자신이 무릎을 꿇고 폐위되어 부인 류씨와 아들 내외와 함께 유배를 떠났다.

다. 이것이 나아가 인조반정의 원인이 되고 말았다.

임진왜란으로 소실된
궁궐 복원과 인경궁 건립

왕위에 오른 광해군은 우선 전란으로 입은 피해를 복구하기 위해 과단성 있는 정책을 펼쳤다. 선혜청을 두어 경기도에 대동법을 실시하고, 양전을 실시하여 경작지를 넓혔으며, 임진왜란 때 화재로 소실된 궁궐 등을 재건하는데 힘썼다.

광해군은 임진왜란 뒤 재건된 창덕궁으로 들어가기를 망설였다. 창덕궁에서 단종과 연산군이 살다가 왕위에서 쫓겨난 것을 알고 있던 광해군은 뭔가 불길한 생각이 들었던 모양이다. 광해군은 풍수지리설에 의하여 인왕산 기슭(서울특별시 종로구 필운동과 누각동)에 왕기가 서려 있다는 설이 제기되자 영건도감을 설치하고 그곳에 인경궁을 짓기 시작했다.

✦ 광해군은 임진왜란으로 불타 버린 창덕궁, 경덕궁(경희궁), 창경궁 등 궁궐 복원사업에 애썼다. 그 궁궐들의 정문이다.

인경궁을 지으면서도 근처 이복동생 정원군 사저에 왕기가 서렸다는 풍수설이 돌았다. 그러자 광해군은 자신의 장래에 위협을 느끼고 왕기를 누르기 위해 정원군의 집을 빼앗아 그 자리에 경덕궁(경희궁)을 세웠다.

광해군은 인경궁의 공사를 약 6년간이나 하였다. 비슷한 시기에 지어진 경덕궁에 비해 인경궁은 규모가 큰 장대한 궁궐이었다. 그러나 인경궁의 공사를 완전히 마치지 못하고 반정세력에 의해 1623년(광해군 15년)에 왕위에서 쫓겨나고 말았다.

광해군이 왕위에서 쫓겨남으로써 영건도감 역시 폐하여지고 인경궁 공사는 완성에 이르지 못한 채 중단되고 말았다. 인경궁은 1648년(인조 26년) 홍제원의 역참을 짓기 위해 태평관과 함께 철거하여 그 기와와 재목을 사용하면서 철폐되었다.

광해군 때는 새 궁궐인 인경궁 뿐 아니라 임진왜란 때 소실된 궁궐들을 대부분 다시 지었다. 그리고 서적 간행에도 힘써《신증동국여지

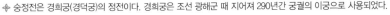

❖ 숭정전은 경희궁(경덕궁)의 정전이다. 경희궁은 조선 광해군 때 지어져 290년간 궁궐의 이궁으로 사용되었다.

승람》,《용비어천가》,《동국신속삼강행실》등을 다시 간행하였다. 허균의 《홍길동전》, 허준의 《동의보감》 등도 광해군 당시에 나온 책들이다. 허준의 《동의보감》은 2009년에 유네스코 세계기록유산에 등재되었다. 그러고 보면 광해군의 치적도 많다.

광해군의 이런 노력에도 불구하고 왕기가 눌리지 않고 그대로 살아남아 있어서였을까. 그 경덕궁 터의 주인이었던 정원군의 아들이 광해군을 몰아내고 제16대 왕 인조가 되었다.

실리적 외교 정책을 펼친 광해군

17세기~18세기는 우리나라뿐만 아니라 세계적으로도 그야말로 격랑의 시대였다. 유럽은 시민혁명을 통해 절대 왕정이 무너지고 바야흐로 근대사회로 진입하고 있었다.

조선은 명나라와 청나라의 교체기였던 30년 사이에 4회의 전란을 겪고, 명나라와 청나라의 요청에 의해 후금과 나선정벌에 참전하였다. 중국에서 1616년(광해군 8년) 여진족의 족장 누르하치가 흥경에 도읍하여 세운 나라가 후금이다. 후금은 1636년(인조 14년) 나라이름을 청(1636~1912)으로 바꾸었다.

명나라(1368~1644)는 중국 주원장(朱元璋)이 원나라를 몰아내고 세운 한족의 왕조다. 이 명나라를 우리는 대명(大明)이라고도 불렀다. 명나라에는 모두 16명의 황제가 있었고, 277년간 존속하였다.

명나라 이후 만주족 누르하치가 세운 청나라는 정복왕조로서 중국 최후의 통일왕조가 되었다. 조선을 많이도 귀찮게 하였던 명나라와 청나라이다.

조선은 광해군의 세자 책봉에 문제가 있다면서 진상 조사단을 파견한 명나라와 오랫동안 군신의 예로 지내왔다. 임금과 신하의 관계로 명나라가 임금이고, 조선이 신하였다. 참으로 비참한 현실이었다.

그런 관계에 있던 명나라가 조선에 원병을 요청하였다. 여진족의 세력이 커져 건국된 후금과 전쟁을 하면서 도움을 요청한 것이다. 그런데 조선으로서는 진퇴양난이었다. 당연히 신하의 위치에 있던 조선이 명나라에 원병을 보내야 하지만, 후금의 힘이 너무 강해 어떻게 보복을 당할지 모르겠고, 외면하자니 군신의 문제가 걸려 있었다.

그런 어려움 속에서 광해군의 외교정책은 능수능란한 면이 있었다. 우선 1만 명의 군사를 명나라에 보내 연합하게 하고, 일부러 싸움에 패한 뒤 후금에 투항하게 한 것이다.

광해군은 이처럼 실리적인 외교론을 폈고, 왕권강화를 통해 민생을 안정시키고 당쟁을 종식시키려는 노력을 아끼지 않았다. 하지만 명분론에 입각한 서인들의 음모를 미연에 방지하지 못하고 결국 폐위되어 폭군으로 기억되고 마는 비운의 왕이 되었다. 어쩌면 정치의 희생양이 된 것이라 볼 수 있다.

생모 공빈 김씨를 공성왕후로 추존

광해군은 즉위한 후인 1610년(광해군 2년) 3월 29일에 어머니 공빈 김씨를 공성왕후로 추존하는 작업을 진행했다. 공빈 김씨를 왕후로 추숭하는데 신하들의 반대가 빗발쳤다. 그들은 《시경(詩經)》 소아(小雅) 도인사지십(都人士之什) 제5편 백화(白華)에 나오는 "유변사석(有扁斯石) 이지비혜(履之卑兮)"라는 구절을 인용하여 광해군의 생모 공빈 김씨의 신분을 문제 삼았다. 이 시는 중국 주나라 유왕(幽王)이 신후(申后)를 내쫓고 포사(褒姒)로 왕후를 삼자, 신후가 주 유왕을 생각하며 지은 시라 하는데, 첩이 천하면 그를 총애하는 자도 천해진다고 하였다. 이 시가 의미하는 바 공빈 김씨가 정비가 아닌 후궁임을 지적한 말이다.

광해군은 이런 말을 들어가면서도 끝내 자신의 어머니 공빈 김씨를 왕후로 추존하고 남편인 선조 곁에 그녀의 신주를 봉안하였다. 광해군은 그녀를 왕후로 추숭하는데 홍문관이 반대를 청하였지만 끝내 불허하였다. 그 사실이 《조선왕조실록》에 그대로 남아 있다.

추숭하는 일은 천리와 인정으로 헤아려 보더라도 그만둘 수가 없는 일이다. 옛날의 현명한 군주도 모두 그렇게 하였는데, 그 당시라고 원칙을 지켜 예를 고집하는 의논이 어찌 없었겠는가. 그러나 함부로 추하게 헐뜯어서 군부(君父)를 낳아 준 어버이에게 욕이 되게 했다는 말은 들어보지 못하였다. 지난번 보니, 어떤 상소에는 심지어 '낮은 돌 [有扁斯石]'이라는 말까지 거론하였다. 내가 비록 용렬하지만 사람의 도리는 지니고 있다. 차마 바로 볼 수가 없어 땅에다 던지면서 '이런 말이 어찌하여 나오게 되었는가.' 하였다. 속이 썩고 뼛속까지 아파 어쩔 줄을 몰라 선왕께 하소연하고자 하였으나 하늘만 쳐다보며 어찌할 수 없어 답답함을 억누르고 한을 삼켰는데, 이 논의의 여파가 보고 듣는 사람들을 현혹시킬 줄 어찌 생각이나 했겠는가. 강직하다는 미명을 탐내는 자들이 모두 화답하고 나서니, 나는 삼가 괴이하게 여긴다. 아, 여염의 서민도 성공하여 명성을 얻으면 모두 어버이를 현창하려는 생각을 갖는 것이니, 이는 참으로 자식 된 자의 지극한 정인 것이다. 어쩌다 중도에 지나치는 일이 있더라도 '허물을 보면 인(仁)을 알 수 있는 경우'라 할 것이다. 내가 비록 매우 못났지만 이 대임(大任)을 맡았으니, 낳아주신 친어머니를 추숭하는 것이 예에 있어서도 참으로

♣ 공빈 김씨가 고려의 개국공신 조맹의 묘 뒤에서 광해군 묘가 있는 맞은편 산을 내려다보며 잠들어 있다.

✢ 석마를 대동한 문석인과 무석인이다. 왕릉에만 설치하는 무석인이 공빈 김씨의 성묘에도 설치되어 있다.

불가할 것이 없다. 더구나 별묘(別廟)를 세워 모시니 그 대체적인 것은 시왕(時王)의 제도를 따른 것이다. 이 한 가지 일로 인하여 간언을 거절한 죄를 받는다 하더라도 나는 그대로 받아들일 것이다. 다시 번거롭게 하지 말라.

《광해군일기》【중초본】 27권, 광해 2년 윤3월 27일 임신 3번 째 기사 1610년 명 만력(萬曆) 38년

이런 상황에서 아들 광해군은 끝내 어머니를 왕후로 추숭하고 무덤도 왕릉으로 조성해주었다.

원래 공빈 김씨의 묘는 풍양 조씨의 시조 묘역 안에 위치해 있었다. 풍양 조씨가 먼저 묘역을 조성해 놓은 곳에 그녀의 묘가 들어섰기 때문

한때 성릉이라 불렸던 경랑 김씨의 성묘를 곡장 뒤 옆에서 바라본 모습이다. 성묘 아래쪽에 고려의 개국공신
이자 문화시중으로 등양 조씨의 시조인 조맹의 묘가 자리하고 있다.

이다. 풍양 조씨의 시조 조맹이 묻힌 자리가 명당자리라는 이유에서 다. 선조는 처음 그녀의 묘를 조성할 때 조맹의 묘를 옮기지 않았는데 그러다 보니 그녀의 묘 앞을 조맹의 묘가 가로막고 있는 꼴이었다.

광해군은 자신의 어머니 묘를 왕릉으로 조성하면서 앞에 있는 조맹의 봉분을 깎아버렸다. 아무리 왕이라 해도 고려의 개국공신인 조맹의 묘를 그렇게 한 것은 잘못이다. 조선의 개국공신은 애지중지 받들고 있었을 텐데 그러면 안 되는 일이었다. 여기에 신하들의 반대를 무릅쓰고 왕릉에만 설치하는 무석인까지 세우고 능호를 성릉이라 명명했다.

당시에는 어쩌면 풍양 조씨 문중에서는 광해군이 그나마 묘를 파혜치지 않은 것을 다행이라 생각했을지도 모른다. 풍양 조씨 후손들은 왕이 하는 일이니 뭐라 할 수도 없고, 조상들 뵐 면목이 없어 소리 없는 눈물만 흘렸을 것이다.

그러면 무엇하랴. 인조반정으로 왕위를 빼앗은 조카 능양군이 조선 제16대 왕으로 즉위하면서 공빈 김씨의 묘가 법에 어긋난다며 석물들

⚜ 공빈 김씨의 남편인 제14대 왕 선조의 목릉과 아들 광해군의 묘이다.

을 허물고 조맹의 무덤에 봉분할 것을 명하였다. 광해군이 폐위되면서 깎였던 봉분을 다시 만들게 되었던 것이다. 더우기 공빈 김씨의 묘 자리보다 조맹의 묘 자리가 더 좋은 명당자리라고 한다.

인조반정으로 아들 광해군이 쫓겨나다

우여곡절 끝에 왕이 된 광해군은 실정도 많았다. 우선 전후 복구사업에 온 힘을 기울였으나 즉위 무렵 동복형인 임해군을 전라남도의 진도에 유배시켰다가 강화도 교동도로 옮겨온 다음해에 사사시키고 말았다. 그리고 1613년(광해군 5년) 박응서의 허위 진술을 믿고 이복동생인 영창대군을 살해했으며, 그 후 5년 뒤 아버지의 계비이자 자신에게는 어머니격인 인목대비 김씨를 서궁(경운궁)에 유폐시키는 등 반정의 빌미를 제공하고 말았다.

또 당쟁의 폐해를 막기 위해 초당파적인 정국을 운영하려고 노력했음에도 불구하고 광해군 재위 15년 내내 정권을 독점한 대북파에 대한 서인들의 불만도 반정의 원인을 초래하였다. 이로써 광해군은 선조와 인빈 김씨 사이에서 태어난 정원군의 장남 능양군이 인조반정을 일으켜 폐위되기에 이르렀다.

공빈 김씨는 광해군 2년에 공성왕후로 추숭되고, 성릉(成陵)이란 능호까지 받았지만 일장춘몽이 되어버렸다. 아들 광해군이 몰락하면서

♣ 공빈 김씨가 낳은 제15대 왕 광해군 묘역으로 들어오는 입구가 장명등으로 초라하게 내다보인다. 그 진입로에는 무석인도 없이 문석인만 홀로 서 있다. 문석인이 긴긴 세월동안 유배생활을 견뎌낸 광해군을 닮았는지 무심한 표정이다. 머리가 떨어져 나간 망주석 옆에 석마도 대동하지 못한 채 침통한 모습으로 서 있는 문석인은 바라볼수록 애잔하다. 그 문석인 눈에서 금세 억울함의 눈물이 주르륵 쏟아져 내릴 것만 같다.

1623년(인조 1년) 3월 18일에 다시 후궁으로 강등되었다.

추존과 강등 과정에서 묘소의 급도 같이 변하여, 왕후의 묘역으로 승격되어 받았던 성릉이 다시 강등되어 성묘라고 바뀐 뒤 오늘날에 이른다. 아들 광해군이 온갖 반대를 무릅쓰고 그녀를 왕후로 추숭하고 신주까지 선조의 원비인 의인왕후 박씨와 동급으로 종묘에 봉안했건만 아무 소용이 없게 되었다. 이로써 공빈 김씨는 안타깝게도 종묘 다음으로 큰 사당인 칠궁에도 신주가 모셔지지 못했다.

두 아들을 가까이 두고 잠들다

현재 그녀는 왕릉이 아닌 묘에 잠들어 있다. 삶을 비극적으로 마감한 두 아들을 곁에 두고 잠들어 있는 공빈 김씨의 묘는 경기도 남양주시 진건읍 송릉리 산 53-4번지에 위치해 있다.

공빈 김씨의 묘는 그나마 왕비로 추숭했던 아들 광해군 덕분에 왕릉처럼 꾸며져 있다. 그녀는 아들 광해군이 왕위에 오르는 것을 지켜보지는 못했지만 그래도 죽어서 10여 년간은 왕후의 대접을 받으며 호강을 누렸다. 하지만 광해군이 폐위되면서 손자뻘인 인조에 의해 시호 및 능호가 모두 삭탈되었다. 신분도 왕비가 아닌 후궁의 자리로 되돌아갔다.

그녀의 묘는 현재도 왕릉의 모습을 하고 있다. 다른 왕릉과 비교해 좀 옹색하긴 해도 손색이 없을 정도로 잘 꾸며졌다. 연산군의 생모인 폐비 윤씨의 회묘에 비하면 규모는 작으나 석물의 수는 똑같다. 왕을 낳은 후궁들이 잠들어 있는 원들과도 비교가 안 될 만큼 석물들이 많다. 홍살문이나 참도를 비롯하여 정자각, 수복방, 수라간, 비각 등은 흔적이 없지만 왕릉처럼 석양과 석호가 양쪽에 각각 두 쌍씩 그녀를 수호하고 있고, 문석인과 무석인이 한 쌍, 석마 두 쌍이 묘를 지키고 있다. 장명등과 혼유석도 봉분 앞에 자리해 있고, 망주석 또한 양옆에 서서 그녀의 묘가 이곳에 있음을 알리고 있다. 그대로 왕릉의 모습이다.

석물들에 비해 봉분은 아주 작은 편이다. 그녀가 후궁 시절에 세상을 뜨는 바람에 후궁 묘 규모에 따라 조성해주었기 때문이다. 그래서 그런지 곡장도 아담하다. 좁은 공간에 석물들이 왕릉만큼 들어차 있어 더 좁게 느껴진다. 하지만 비석이 남아있지 않아 그녀에 대한 기록은 전혀 알 수 없다.

공빈 김씨는 골짜기를 사이에 두고 임해군과 광해군, 두 아들 내외와 가까이 잠들어 있다. 그녀의 성묘와 얼마 떨어지지 않은 곳에 축복 속에 태어났지만 울분을 삼키며 세상을 떠난 맏아들 임해군 묘가 있다. 임해군이 광해군보다 공빈 김씨와 더 가까이 잠들어 있는 셈이다. 임해군 묘는 찾아가기 어려운 깊은 산골짜기에 있다.

광해군 묘는 임해군보다는 더 떨어져 있지만 공빈 김씨가 내려다볼 수 있는 곳에 있다. 어머니의 무덤 가까이 잠들고 싶어 했던 광해군의 소망이 이루어진 셈이다.

공빈 김씨는 왕이 될 아들을 낳기만 하고 너무 일찍 세상을 떠났다. 그래도 광해군은 얼굴도 기억하지 못하는 어머니를 그리워하며 그 무덤 발치에 자신을 묻어달라는 유언을 남겼다. 그녀는 광해군에게 살해된 맏아들 임해군을 생각해도 그렇고, 왕위에서 쫓겨나 긴 유배생활 끝에 죽음을 맞이한 차남 광해군을 생각해도 그렇고, 묘가 아무리 왕릉의 모습을 하고 있어도 무덤 속에서 눈물이 마를 날이 없을 것만 같다.

공빈 김씨는 잠시 기뻤다가 영원히 슬퍼진 왕을 낳은 후궁 중 한 명이다. 아들 광해군이 왕위를 인빈 김씨의 손자에게 빼앗기고 폐위되어 20년 가까운 유배생활을 하다가 생을 마감하는 비운의 왕으로 전락하고 말았기 때문이다. 아들의 몰락과 함께 불운을 맞았다. 그녀와 광해군은 좋았다가 완전히 망해버린 셈이다. 맑은 날 날벼락을 맨몸으로 맞은 격이다.

남의 조상 명당자리를 빼앗아 조성된 허울만 왕릉의 모습을 하고 있는 그녀의 묘는 바라보면 볼수록 더없이 슬퍼 보인다. 그녀의 묘를 답사하는 내내 무거웠던 마음이 곡장 뒤 잉에 올라서는 순간 새털처럼 가벼워졌다. 감탄사가 저절로 나왔다.

어느 왕릉보다 전망이 아름다웠다. 맑은 날은 멀리 불암산, 수락산, 도봉산, 북한산까지 모두 보인다고 한다. 누가 보아도 반할 수밖에 없는 전망이다. 풍수를 모르는 나 같은 사람이 보아도 곧바로 '명당은 이런 자리가 아닐까?'라는 생각이 든다. 정말 멋진 자리에 그녀가 잠들어 있다.

궁녀에서 왕비까지
초고속 승차한 후궁

경희궁의 정문인 흥화문을 들어서면 바로 숭정문이 마주 보인다. 희빈 장씨의 남편인 숙종이 경희궁의 회상전에서 탄생하였고 13년간 이곳에 임어하였으며 융복전에서 승하했다. 숙종에게 더 없는 사랑을 받았던 여인이 장희빈이건만….

궁녀 출신으로 처음이자
마지막 왕비가 되다

희빈(禧嬪) 장씨(1659~1701)는 제19대 왕 숙종(1661~1720)의 후궁이다. 그녀의 이름은 옥정이며, 아버지 장경과 어머니 윤씨 사이에서 2남 2녀 중 막내딸로 태어났는데 본관은 인동이다.

희빈 장씨는 궁녀로 입궁하여 후궁에 올랐다가 왕비까지 올랐던 왕이 끔찍이 사랑한 여인이다. 궁녀에서 왕비까지 올라 숙종과의 사이에 왕자 둘을 낳았다. 그중 한 왕자는 일찍 사망하였고, 다른 왕자는 조선 제20대 왕 경종(1688~1724)이다.

희빈 장씨는 역관의 집안에서 태어났는데 아버지 장경보다 역관 장현의 종질녀로 더 잘 알려져 있다. 아버지가 일찍 세상을 뜨는 바람에 당숙인 장현의 손에 자랐기 때문이다. 친가와 외가 모두 역관 집안으로, 알려진 것과 달리 매우 부유한 환경에서 자랐다고 한다. 언제 궁에

✤ 희빈 장씨가 왕비에 오르면서 이미 세상을 떠난 아버지 장경을 영의정으로 추증함을 기리는 신도비이다. 조선후기 신도비 중 최고의 가치를 자랑하는 장경의 신도비는 높이가 무려 4m나 된다. 이 신도비에 남인의 영수 민암이 쓴 제문이 새겨져 있다. 신도비 위로 장희빈의 가족묘가 즐비하게 자리해 있다.

들어왔는지는 정확치 않으나 어린 나이에 들어와 생활했다고 한다.

희빈 장씨는 후궁들 중 유일하게 폐비 경력이 있다. 우리에게 폐비 장씨가 아닌 장희빈으로 더 알려져 있다. 안타깝게도 왕비의 자리에 올랐다가 폐비가 되었다. 하지만 그녀는 운이 좋게도 폐비가 되면서 폐서인 되지 않고 후궁의 신분은 유지하게 되었다. 그리하여 폐비 장씨가 아닌 희빈 장씨라 부르게 되었다.

유명한 역관 집안의 딸로 태어나

희빈 장씨의 집안은 그렇게 빈곤한 집안은 아니었다. 중인집안으로 역관 출신이 많다. 역관은 조선시대 번역, 통역 등 외국어와 관련된 업무를 담당한 관리로 중인의 대표적인 기술관이었다.

✿ 가족묘 위쪽 희빈 장씨의 부모님 묘소다. 왼쪽에 어머니 윤씨, 중앙에 아버지 장경, 오른쪽에 아버지의 전처 고씨가 있다. 그녀의 증조부, 조부, 오빠, 당숙도 있다. 원래 그녀의 생가가 있었던 서울 은평구 불광동에서 30년 전 쯤 이곳 경기도 고양시 고봉산자락으로 이장하였다. TV드라마 〈장옥정, 사랑에 살다〉로 알려졌다.

조부인 장응인과 외조부인 윤성립은 모두 역관으로 벼슬이 정3품과 종4품이었고, 드라마를 통해 잘 알려진 당숙 장현은 숙종 때 역관의 수장이면서 거부로 이름이 높았다.

할아버지 장응인 이후로 무려 인동 장씨 집안에서 20여 명의 역관이 나왔다. 그중 역과에 수석으로 합격한 사람이 7명이나 나올 정도로 실력이 출중했다. 그녀의 외할아버지 윤성립도 역관출신으로, 친가와 외가가 모두 역관 집안이다.

희빈 장씨가 일개 궁녀에서 왕비까지 오를 수 있었던 것은 조선 제16대 왕 인조의 계비 장렬왕후 조씨의 동생 조사석과 종친인 동평군의 힘이 크게 작용했다. 동평군은 인조의 손자로 인조의 서장자 숭선군의 아들이다. 숭선군은 악행으로 명성 높았던 인조의 후궁 조귀인이 낳은 아들이다. 장렬왕후 조씨와 인조의 합방을 막기 위해 온갖 이간질을 해

대던 조귀인의 아들이 숭선군이며, 손자가 동평군이다. 조귀인은 효종이 왕위에 오르면서 폐귀인이 되어 사사되었다.

사실 장렬왕후 조씨와 조귀인은 원수지간이었지만 장렬왕후 조씨의 조카가 조귀인의 아들 숭선군과 혼례를 올려 동평군의 어머니가 되었다. 장렬왕후 조씨로서는 동평군이 원수의 손자지만 한편으로는 친정 조카사위였다. 그런 동평군이 희빈 장씨를 궁중에 연결시켜 준 것이다. 그로 인해 희빈 장씨는 동평군을 통해 종친의 힘을 빌릴 수 있었다.

희빈 장씨에게 힘이 되었던 또 한 사람이 바로 장렬왕후 조씨의 동생 조사석이다. 조사석은 희빈 장씨의 어머니 윤씨와 한때 내연 관계였기에 윤씨의 힘이 조사석에게 미쳤을 것이다. 그러니 조사석의 누나인 장렬왕후 조씨가 희빈 장씨를 나 몰라라 할 리 없었다. 희빈 장씨가 어머니의 끼를 물려받긴 받았나 보다. 어찌 되었거나 조사석을 통해 남인의 지지를 등에 업었던 희빈 장씨였다.

누구보다 인조의 계비 장렬왕후 조씨는 궁녀 신분이었던 희빈 장씨가 왕비가 되는데 가교 역할을 해준 일등 공신임에는 틀림없다. 희빈 장씨는 장렬왕후 조씨의 시종으로 있다가 숙종의 눈에 들어 후궁이 되

❦ 낙선재의 장락문이다. 희빈 장씨의 처소인 취선당이 창덕궁과 창경궁 사이에 자리한 낙선재 주변에 있었다고 전해질 뿐 흔적은 남아있지 않다.

✤ 창덕궁의 왕비 침전인 대조전이다. 희빈 장씨가 인현왕후 민씨를 이곳 대조전에서 쫓아내고 안주인이 되었다.

었다. 숙종보다 두 살이나 많았던 희빈 장씨는 키가 훤칠하게 크고 아름다웠다고 한다.

희빈 장씨는 1686년(숙종 12년) 왕이 평상시 거처하는 전각을 관장하고, 명주와 모시를 길쌈하여 바치는 종4품인 숙원이 되었다가 1688년(숙종 14년)에는 왕비의 예를 돕고 의논하는 정2품인 소의로 승격되었다. 이때 왕자 윤(昀)을 낳아 숙종의 사랑을 독차지하게 되었다. 숙종에게 그때까지 아들이 없었으니 그럴 수밖에 없었을 것이다.

아들을 낳아 궁녀에서 왕비까지 초고속 승차

숙종은 왕자 윤이 태어나자마자 장차 세자가 될 원자로 책봉하려 했다. 그런데 서인에서 갈라진 노론과 소론 대신들이 숙종의 제1계비 인현왕후 민씨의 나이가 아직 많지 않다는 이유로 반대 상소를 올려 후일을 기다리자고 했다.

하지만 한시가 급했던 숙종은 1689년(숙종 15년) 정월에 태어난 지 두 달여밖에 안 된 희빈 장씨의 소생인 윤을 원자로 정하고, 장 소의를 왕비를 도와 부인의 예를 논하는 정1품 빈으로 승격시켰다. 그녀는 왕에게 아들을 선물한 덕분에 내명부 최고의 품계를 받았다. 소의 신분으로 아들을 낳고 1년 뒤 원자로 정해지면서 빈으로 승격하게 된 것이다.

중인 집안 출신으로 궁녀가 되어 입궁한 장씨는 희빈에 오른 것만 해도 영광이었을 텐데 거기에 만족하지 않았다. 급기야 희빈 장씨는 숙종의 제1계비인 인현왕후 민씨를 모함하여 몰아내고 왕비의 자리에 오르고자 했다. 당시 숙종은 그녀에게 푹 빠져 헤어나지를 못했다. 숙종은 희빈 장씨를 빈으로 승격시킨 다음 왕자도 낳지 못하고, 자신의 사랑도 받지 못하고 있던 제1계비 인현왕후 민씨를 폐위시켰다. 그리고 희빈 장씨를 왕비로 책봉하기에 이르렀다. 그녀는 2명의 왕비가 낳지 못한 아들을 낳음으로써 궁녀에서 왕비까지 초고속으로 신분 상승하였다. 궁녀 출신이 왕비에 오른 경우는 희빈 장씨가 처음이었다.

서인 측에서 숙종에게 왕비 책봉을 반대하는 상소를 올렸으나 상소를 올린 오두인, 박태보 등만 오히려 참혹한 형벌을 받고 파직되었다.

⚜ 숙종의 제1계비 인현왕후 민씨는 후궁 희빈 장씨에 의해 폐비가 되어 사가 감고당으로 쫓겨났다. 서울 종로구의 옛 감고당 자리와 경기도 여주에 복원해 놓은 감고당이다. 인현왕후 민씨가 5년여 동안 쫓겨나 있었던 친정 감고당 자리는 현재 덕성여자고등학교가 들어서 있다.

결국 희빈 장씨는 숙종의 뜻대로 왕비의 자리에 올랐고, 제1계비였던 인현왕후 민씨는 폐비가 되어 사가로 내쫓겼다. 숙종의 아들 경종도 더 이상 후궁의 소생이 아닌 왕비의 소생으로 왕위를 이어받게 되었으니 기뻤을 것은 분명하다. 조정은 서인이 아닌 남인에 의해 완전히 장악되었다.

그런데 숙종은 희빈 장씨를 왕비에 올린 지 5년이 지나면서 인현왕후 민씨를 폐비한 것을 후회하기 시작했다. 그때 마침 1694년(숙종 20년) 소론의 김춘택, 한중혁 등이 이를 눈치채고 폐비 복위 운동을 전개했다. 숙종은 인현왕후 민씨를 폐위시킨 것을 후회하고 있던 터라 서인들을 옥사로 다스리던 민암을 파직시킨 후 사사시켰으며, 서인에서 갈라진 소론 측 사람들을 등용했다. 그리고 중전에 올라있는 희빈 장씨를 폐비시킨 다음 빈으로 강등시켰다. 그리고 인현왕후 민씨를 복원시켜 다시 왕비에 앉혔다. 이 사건이 1694년에 일어난 갑술환국이다.

이 사건 이후 숙종은 서인의 거두 송시열과 병자호란 당시 척화를 주장하다 절의한 김상헌의 손자 김수항 등을 복작시켰고, 남인을 대거 정계에서 몰아냈다. 소론이 들어서고, 남인이 물러날 때 희빈 장씨의

⚜ 경기도 여주에 복원된 감고당이다. 인현왕후 민씨와 명성황후 민씨가 같은 집안 출신으로 감고당에서 두 왕비가 살았다.

✤ 창경궁의 통명전은 왕과 왕비의 침전 중 하나다. 지붕 위에 용마루가 없으며, 희빈 장씨가 인현왕후 민씨를 저주하기 위해 꼭두각시와 동물의 시체를 대조전과 이곳 통명전 일대에 파묻었다가 발각되어 죽음에 이르렀다.

오빠 장희재의 죄를 물어 신하들이 그를 죽여야 한다고 주장했다. 그러나 훗날 세자에게 화가 미칠 것을 염려한 나머지 장희재를 용서했다.

희빈 장씨는 인현왕후 민씨를 왕비에서 몰아낸 후 약 5년 동안이나 국모의 자리를 지켰지만 끝내 폐비가 되어 왕비의 자리에서 쫓겨나고 말았다. 그녀는 자신의 신분상승에 고마워할 줄 모르고 안타깝게도 기고만장하여 끝내 인생을 망치고 말았다. 그래도 그녀는 왕세자의 어머니인 관계로 폐서인이 되지 않고 빈의 첩지는 유지하게 되었다. 그녀는 운이 좋게도 숙종의 폐비가 아닌 후궁 신분은 갖게 되었다.

끝없는 욕심이 화를 부르다

희빈 장씨가 왕비의 자리에서 쫓겨나면서 인현왕후 민씨는 백성의

✦ 희빈 장씨로 인해 온갖 수모를 다 겪은 인현왕후 민씨가 35세의 젊은 나이로 승하한 창경궁의 경춘전이다.

소원대로 복위되어 다시 조선의 국모가 되었다.

희빈 장씨는 빈으로 강등된 후부터라도 반성의 시간을 가졌어야 했다. 그런데 반성은커녕 왕비의 자리에 다시 올라앉기 위해 자신의 거처인 취선당에 신당을 차려놓고 무당을 불러 숙종의 제1계비 인현왕후 민씨를 모해하려다 발각되고 말았다.

이때 인현왕후 민씨는 복위된 후 시름시름 앓다가 1701년(숙종 27년) 8월 14일, 소생을 남겨놓지 못한 채 35세에 승하했다.

간악하기 짝이 없었던 희빈 장씨는 자신의 악행이 낱낱이 드러나면서 숙종의 화가 머리끝까지 치밀어 올랐다. 숙종은 희빈 장씨에게 사사하기 전에 자진하라고 명했다. 희빈 장씨는 끝내 스스로 목숨을 끊으라는 숙종의 명에 따르지 않자 비망기가 내려지고 15일이 지난 10월 10일에 사사되었다.

신하들은 그녀가 낳은 경종의 앞날을 위해 사약만은 안 된다면서 은혜를 베풀라고 여러 번 말했지만 따르지 않았다. 숙종은 국가와 종묘사직, 그리고 세자를 위해 자진하는 것이 어려우면 사약 이외에 달리 다른 방도가 없다며 단호하게 사약을 내리라고 명했다.

무슨 악연인지 희빈 장씨도 인현왕후 민씨가 세상을 뜬 해 두 달 후에 사사된 셈이다. 그때 희빈 장씨의 나이 43세였다. 희빈 장씨가 인현왕후 민씨보다 8세나 많았다.

이 사건이 숙종 27년(1701) '무고의 옥'으로 희빈 장씨가 인현왕후 민씨에 대한 무고로 처형된 사건이다. 인현왕후 민씨가 복위된 지 8년 만에 세상을 떠난 후 희빈 장씨가 취선당 서쪽에다 신당을 짓고 민비를 저주하는 기도를 한 일이 발각되어 희빈 장씨가 처형되고 이에 관련된 무녀, 궁녀, 장씨 일가도 화를 입게 되었다.

숙종은 희빈 장씨의 간악한 행동을 보고받고 그 일에 관련된 그녀와 오빠 장희재를 사사하고, 궁인과 무녀 등은 사형에 처했다. 악행의 끝이 어떤 모습인지를 희빈 장씨가 몸소 보여주었다. 그녀의 악행이 들통만 나지 않았으면 인현왕후 민씨도 세상을 떠났겠다, 다시 그녀가 왕비로 복위되었을지도 모른다. 아들이 세자였기 때문에 희망은 있었다. 그렇게 되었다면 조선의 왕비사도 달라졌을 것이다.

그러나 왕비는 아무나 되는 게 아님을 희빈 장씨가 확실하게 보여주면서 그녀의 인생은 종지부를 찍게 되었다.

후궁이 왕비에 오르지 못하게 하라

조선왕조 역사상 후궁이 왕비가 된 경우는 여럿 있지만 궁녀가 왕비까지 오른 경우는 희빈 장씨가 처음이자 마지막이다. 그녀는 왕의 첫아들을 낳았기에 초고속 승차를 거듭할 수 있었다. 궁녀에서 후궁이 되었을 때도 수많은 궁녀들이 엄청 부러워했을 것이다. 그런데 후궁에서 왕비까지 되었으니 모든 궁녀들의 꿈과 희망이 부풀어 오를 데로 올랐을 것이다.

하지만 그녀에게 찾아온 부귀영화는 몇 년 못 가 물거품이 되고 말았다. 갑자기 신분이 상승된 게 화를 불렀는지도 모른다. 왕비의 자리는 아무나 오르는 게 아님을 그녀가 일깨워주었다.

희빈 장씨에게 눈이 멀었던 숙종은 교활하기 짝이 없던 그녀를 끝으로 《숙종실록》에 "지금부터 기록하여 방가(邦家)의 제도로 만들되, 빈어(嬪御)가 후비(后妃)에 오르지 못하도록 하라."고 하교하였다. 후궁이 왕비에 오를 수 없도록 아예 국법으로 만들어버린 것이다. 숙종이 그녀에게 질려도 보통 질린 게 아닌 모양이다. "송충이는 솔잎을 먹어야 하고, 누에는 뽕잎을 먹어야 한다."는 말의 의미를 되새기게 해준 희빈 장씨이다.

그래도 희빈 장씨는 궁녀들과 후궁들의 멘토가 되었을 것이다. 비록 사약을 받고 죽었지만 왕의 여인이 되어 왕의 아들까지 낳아 그 아들이 세자로 책봉되고 왕까지 되었으니 어찌 부러워하지 않겠는가. 아마 대부분의 궁녀들은 죽어도 좋으니 하루라도 왕의 여인으로 승은을 입고 싶었을지도 모른다.

희빈 장씨를 왕비로 승차시켜 준 아들 경종

희빈 장씨를 왕비로 승격시키는데 일등공신 역할을 한 사람은 다름 아닌 그녀의 아들 경종이다. 경종은 숙종이 그렇게 기다리던 첫아들로 1688년 음력 10월 28일에 태어났다. 희빈 장씨의 신분이 소의였을 때 아들 경종이 태어났다. 그녀는 숙종과의 사이에 경종과 성수를 낳았다. 하지만 차남 성수는 조기 사망하여 장남 경종만 남기고 세상을 떠났다.

경종은 태어난 지 두 달여 만인 1689년(숙종 15년) 음력 1월 11일 원자로 정해졌고, 1690년(숙종 16년) 3세에 세자로 책봉된 후 1720년 33세의 나이로 제20대 왕으로 등극하였다. 그는 단의왕후 심씨와 선의왕후 어씨 등 2명의 왕비만 두었는데 애석하게도 자녀를 한 명도 얻지 못하였다.

경종은 당쟁의 소용돌이 속에 아버지가 내린 사약을 받고 죽어가는 어머니의 모습을 지켜본 비운의 왕이다. 조정이 어머니 희빈 장씨의 몰락과 함께 남인 세력의 힘이 극도로 약해지고, 서인 일색이 되면서 서인에서 분리된 노론과 소론이 더욱 날카롭게 대립할 무렵 왕이 되었다. 그의 등극은 그의 어머니 희빈 장씨를 죽음으로 몰고 간 노론에 대한 정치적 박해를 예고하고 있었다.

지금이나 예전이나 당파싸움은 다르지 않았다. 서인이 노론과 소론으로 갈라졌는데 경종은 소론편이었다. 그런데 경종이 즉위할 무렵에도 소론이 아닌 노론이 정권을 여전히 잡고 있었다.

경종은 소론 측의 지지를 받으며 왕이 되었지만 다음 왕위를 이을 이복동생 영조는 노론 측의 지지를 받고 있었다. 급기야 노론 측은 경종의 건강이 점차 악화하는 데다 후사마저 없다는 이유를 내세워 영조를 세제로 삼아 왕위가 흔들리지 않게 해야 한다고 주장하였다.

하지만 이러한 노론 측의 의견에 소론 측이 반발하고 나섰다. 그런데 경종은 소론의 반대에도 불구하고 1721년(경종 원년) 노론 측 주장에 따라 이복동생인 연잉군(영조)을 세제로 책봉하였다.

이후 노론 측에서는 경종이 병약한 관계로 연잉군에게 대리청정을 하도록 해야 한다고 주장하였다. 반면 소론 측에서는 왕을 보호해야 한다는 명분을 내세우며 거세게 반발하였다.

경종은 소론 측의 반대를 무릅쓰고 와병 중이었기 때문에 연잉군의 대리청정을 받아들였지만 결국 소론 측의 반대로 다시 거두어들였다. 그 이후에도 경종은 연잉군에게 대리청정을 명하였다가 다시 거두어들이기를 반복하였다. 이 바람에 노론과 소론 간에 당쟁만 격화시키는 결과를 가져다주었다. 다행히 한동안 정권은 소론에 의해 독점되었다. 그러나 경종이 1724년(경종 4년) 37세에 죽고 영조가 왕이 되면서 소론의 짧은 정권 독점기는 끝이 나고 말았다.

생모의 비극적인 죽음을 목격하고 또 생모에 의해 생산능력마저 잃은 채 어렵게 왕위에 오른 경종은 재위기간 4년 내내 병석에서 보내다가 별로 행복하지 않았을 세상과 작별하였다.

경종은 어머니를 살려달라고 아버지께 울면서 매달렸지만 아버지 숙종은 어머니에게 사약을 내리고 말았다. 경종이 비참한 모습으로 죽어가는 어머니를 직접 보았으니 없던 병도 생길 일이다. 몸부림치다가 죽어간 희빈 장씨도 불쌍하지만 그런 어머니를 둔 경종이 더 불쌍하다.

그의 어머니가 죽어갈 때 경종의 나이는 불과 14세였다. 경종의 머릿속에서 하얀 소복을 입고 피를 토하며 처절하게 죽어간 어머니의 모습이 영원히 사라지지 않았을 것이다. 그러니 왕이 되었어도 행복할 리 없었을 것이고 하루하루가 우울하고 슬펐을 것이다.

경종은 어머니가 죽고 난 뒤 23년을 더 살다가 세상을 떠났다. 부덕한 어머니를 가슴에 묻고 살아가야 했던 그는 오히려 죽어서야 마음

✤ 경종과 계비 선의왕후 어씨가 잠들어 있는 의릉은 동원상하릉이다. 경종의 능이 위쪽에 있고, 계비 선의왕후 어씨의 능이 아래쪽에 있다. 동원상하릉의 특징은 왕의 능침에만 곡장을 두른 게 특징이다.

이 편안해졌을지도 모른다. 연산군에 비하면 그래도 경종은 자신이 낫다고 생각했을지도 모른다. 어머니가 폐비가 되어 서인이 되지도 않았고, 자신도 폐왕은 되지 않았으니 말이다.

경종의 능호는 의릉(懿陵)이며 서울특별시 성북구 석관동 산 1-5번지에 계비 선의왕후 어씨와 동원상하릉으로 조성되었다. 그는 계비 선의왕후 어씨와 능침이 좌우로 배치되어 있는 게 아니라 위아래로 배치되어 있다. 남남서에서 북북동 방향인 언덕 위에 두 봉분을 위아래로 나란히 놓은 동원상하릉이다. 풍수지리설의 영향으로 생기가 왕성한 정혈(正穴)에서 벗어날 것을 우려하여 왕과 왕비 능을 좌우로 쓰지 않고, 위아래로 놓아 양자 모두 정혈에 있게 한 것이다. 경종의 원비 단의왕후 심씨는 동구릉의 혜릉에 홀로 잠들어 있다.

파란만장한 삶을 살다간 희빈 장씨

희빈 장씨가 악행을 저지른 것은 확실하다. 그런데도 그녀가 폐서인이 되지 않고 후궁 신분을 유지한 것은 그녀가 두고두고 남편인 숙종

✤ 경종의 원비 단의왕후 심씨가 왕 곁을 계비 선의왕후 어씨에게 빼앗기고 홀로 동구릉의 혜릉에 잠들어 있다. 조선왕릉 중 장명등이 없는 왕릉은 혜릉뿐이다. 이래저래 쓸쓸한 왕비 능이다.

에게 고마워해야 할 일이다.

숙종은 그녀가 죽자 경기도 양주 인장리에 장사를 지내주었다. 그후 묘에 물기가 있다는 상소가 있자 숙종 45년(1719년)에 경기도 광주 진해촌(지금의 경기도 광주시 오포읍)으로 천장했다. 그런데 세월이 한참 흐르고 나니 그녀의 묘를 통과하는 도로가 뚫리고 개발되어 1969년 6월에 그녀의 묘는 그녀가 죽을 때까지 사랑을 독차지하고 싶어 했던 숙종이 잠들어 있는 명릉과 같은 서오릉 안으로 옮겨오게 되었다.

서오릉에는 숙종의 여인들이 4명이나 잠들어 있다. 원비 인경왕후 김씨가 제일 먼저 익릉에 입주했고, 그 다음으로 숙종의 제1계비 인현왕후 민씨가 명릉에 입주했다. 그 뒤 숙종이 세상을 뜨면서 입주하여 제1계비인 인현왕후 민씨와 쌍릉으로 나란히 잠들게 되었다. 그 다음으로 숙종의 제2계비 인원왕후 김씨가 명릉 왼쪽 언덕에 입주했고, 마지막으로 희빈 장씨가 숙종과 멀리 떨어져 있다가 숙종 곁으로 이장되었다. 그녀는 그토록 사랑했던 남편 숙종이 있는 경기도 고양시 덕양구 용두동 산 30-1번지에 위치한 서오릉 능역 안에 잠들어 있다. 숙종이 서오릉의 동편 명릉에 인현왕후 민씨와 나란히 잠들어 있고 반대쪽인

✤ 숙종이 제1계비 인현왕후 민씨와 나란히 잠들어 있는 명릉이다. 명릉의 겨울 전경으로 쌍릉에 눈이 내렸다.

서편에 그녀가 있다.

그녀는 한때 지아비였던 숙종으로부터 사약을 받고 죽어갔지만 숙종의 수많은 후궁들 중 그래도 가장 가깝게 잠들어 있다. 그것 또한 행운이다. 후궁으로서 왕과 같은 능역에 잠들어 있는 경우가 그녀 외에는 없다. 아마 숙종과 그녀 사이에는 떼려야 뗄 수 없는 인력이 작용하는 것은 분명하다.

왕을 낳은 후궁들의 무덤은 원제를 따라 조성했는데 희빈 장씨는 죄인의 몸으로 죽었기에 왕을 낳아 왕의 어머니가 되었으면서도 원호를 받지 못했다. 그랬기에 일반 후궁의 묘제를 따라 묘가 만들어졌다.

희빈 장씨의 묘비에는 '유명조선국옥산부대빈장씨지묘(有明朝鮮國玉山府大嬪張氏之墓)'라고 쓰여 있다. 묘를 지키는 문석인은 그녀의 심정을 표현하듯 시무룩한 모습으로 서 있다. 어느 왕릉이든 문석인이나 무석인의 표정을 보면 그 왕릉의 주인을 닮은 것처럼 느껴진다. 이상하게 그들이 왕릉 주인의 마음을 대신 표출하고 있는 것처럼 여겨진다.

조선 제8대 왕 예종과 예종의 계비 안순왕후 한씨가 잠들어 있는 창릉과 조선 제21대 왕 영조를 아직도 기다리느라 잠들지 못하고 있을

✤ 희빈 장씨의 대빈묘이다. 왕을 낳아 왕의 어머니까지 되었지만 석물도 간소하고 봉분도 작다. 곡장도 아담하다. 그녀의 묘는 숙종과 멀리 떨어진 경기도 광주시 오포읍에 있었다. 그런데 1969년 6월, 그곳이 개발되는 바람에 숙종이 잠들어 있는 서오릉 능역으로 이장되었다.

영조의 원비 정성왕후 서씨의 홍릉 가는 길모퉁이에 그녀의 묘가 초라하게 자리하고 있다.

그러나 희빈 장씨는 아직도 자신이 사약을 받고 죽어간 게 억울한 모양이다. 그녀의 머리맡에 놓인 커다란 바위를 뚫고 나온 소나무와 떡 갈나무가 하늘을 향해 두 팔을 힘차게 벌리고 있다. 그 모습이 그녀의 모습인양 가슴을 아프게 한다.

그녀의 기를 누르기 위하여 큰 바위를 머리맡에 갖다놓았다는 말이 있는데 바위도 들어 올릴 만큼 그녀의 분노는 지금까지도 현재진행형인가 보다. 그녀의 기가 세어 나무들이 머리맡에 놓여 있는 바위까지 뚫고 나왔으리라 믿고 싶지 않다. 이제 그만 자신을 내려놓고 편안히 잠들었으면 좋겠다.

희빈 장씨의 묘가 구석진 곳에 자리하고 있지만 그곳을 찾는 사람들이 어느 왕릉보다 많다. 삼삼오오 그녀의 묘 주변에 앉아 이야기를 나누는 모습을 흔히 볼 수 있다. 한동안 왕이 사랑한 여인으로 그녀는

☙ 폐비 희빈 장씨의 분노를 잠재우기 위해 머리맡에 큰 바위를 놓았다는 말이 있다. 그 말이 진짜인지 그 바위를 뚫고 소나무와 떡갈나무가 솟아나와 하늘을 향해 두 팔을 뻗고 있다.

사람들의 발길을 붙잡을 수밖에 없는 파란만장한 삶을 살다 떠났다.

문화 예술계 최고의 소재로 자리매김

대부분 영화나 드라마에서 희빈 장씨가 죽어갈 때의 모습을 보면 다음과 같이 그려낸다.

그녀가 신분상승할 수 있게 디딤돌이 되어준 그녀의 아들 경종이 지켜보는 가운데 피를 토하며 죽어간다. 그 과정에서 그녀는 사약사발을 몇 번이나 내던지며 죽기를 거부한다. 그러다 다시 사약사발을 받아놓고 마지막으로 세자가 보고 싶다며 숙종에게 애원한다. 숙종은 처음에는 단호히 거절하나 한때 총애했던 여인이고, 세자의 어미라 그랬는지 그녀의 부탁을 들어주고 만다. 그런데 장희빈은 아들 경종을 보자마자 달려들어 그의 하초를 잡아당겨 불구로 만들어놓고야 만다. 그때 곁에 서 있던 환관들이 겨우 세자에게서 장희빈을 떼어 놓지만 충격을 받은 경종은 그 자리에 쓰러져 정신을 잃고 만다.

사실 이 일설이 희빈 장씨의 간악함을 극적으로 묘사하여 가장 흥미를 자아내긴 한다. 어쩌면 이 일설은 남의 말 좋아하는 호사가들이 부풀려 지어낸 이야기일지도 모른다.

하지만 어쨌거나 그녀의 아들 경종은 어머니 희빈 장씨의 악행과 죽음으로 인하여 큰 충격을 받았을 것은 분명하다.

희빈 장씨의 성격으로 보아 이 일설이 맞을 것도 같다. 숙종에 대한 증오로 세자인 아들과 함께 죽으려 했을지도 모른다. 그렇지 않으면 아들을 성불구자로 만들어 정국을 대혼란에 빠트려 숙종을 골탕 먹이려 했을지도 모른다.

숙종은 희빈 장씨 외에 왕비를 셋이나 들였지만 모두 한 명의 아들도 낳지 못했다. 숙종의 아들로는 희빈 장씨가 낳은 경종 말고는 무수리 출신인 숙빈 최씨 소생 연잉군과 태어난 지 얼마 안 된 명빈 박씨 소생 연령군밖에 없었다.

숙종의 6남으로 태어난 연령군은 그 당시 겨우 3세였다. 그러니 그녀가 숙종이 후사 문제로 골치 좀 썩어보라고 세자인 아들에게 해를 가했을 수도 있다. 연잉군은 무수리 출신 소생이고, 연령군은 3세로 아직 어렸으니 왕위 계승문제로 정국이 대혼란에 빠지기를 바랐는지도 모른다.

✤ 충남 예산의 남연군 묘 가까이에 숙종의 후궁 명빈 박씨의 묘와 아들 연령군의 묘가 나란히 있다. 후궁들과 왕자들의 묘 중 가장 초라해 보인다. 찾아가는 길도 무지 험난하다.

아무튼 지금까지 알고 있었던 이 일설이 맞는지 경종은 자녀를 한 명도 낳지 못하고 시름시름 앓다가 왕위에 오른 지 4년 만에 세상을 뜨고 말았다. 이 일설대로라면 그녀의 돌발적인 행동을 예상하지 못한 경종은 그 자리에서 졸도할 수밖에 없었고, 그 충격으로 병이 들어 자녀를 한 명도 낳지 못한 게 사실일 것이다.

한편에서는 위의 일설과 달리 희빈 장씨가 아들의 안위를 생각하여 숙종이 내린 사약을 순순히 받아먹고 죽었다고도 전한다. 아마 그녀가 성종의 폐비이자 연산군의 어머니 폐비 윤씨의 이야기를 들었다면 세자로 책봉되어 다음 보위를 이어갈 아들 경종을 위해서 그럴 수도 있었을 것 같다. 자칫 잘못하다가는 그녀의 아들 경종이 연산군 신세가 되지 말라는 법이 없기 때문이다.

그런데 사약을 받고 죽어간 게 아니고 자진했다는 기록이 〈예조로 하여금 자진한 장희빈의 상장의 제수를 참작하여 거행하라고 하교하다〉란 기사로 《숙종실록》에는 남아 있다. 차마 왕의 어머니를 사사했다고 하긴 뭐해서 그랬는지는 모르겠으나 그래도 실록의 기록을 믿어야 하지 않을까.

임금이 하교하기를, "장씨가 이미 자진하였으니, 해조(該曹)로 하여금 상장(喪葬)의 제수(祭需)를 참작하여 거행하도록 하라." 하였다.

《숙종실록》 35권, 숙종 27년 10월 10일 계해 2번 째 기사 1701년 청 강희(康熙) 40년 그런데도 그녀를 그려낼 때는 언제나 악독한 왕의 여인으로 그려냈다. 영화나 드라마 등에서와 달리 그녀가 순순히 사약을 받아 마시고 세상을 떴기에 그냥 자진했다고 전하는지도 모른다. 어찌되었거나 그녀는 죽어가는 모습도 악독하게 그려야 그녀다운 것 같다.

조선의 왕비들 중 기억에 남는 왕비는 당연 악비다. 선한 왕비는 별로 궁금하지 않다. 스토리텔링으로서도 악비가 최고다. 그녀와 폐비 윤씨가 사극의 주인공으로 자주 등장하는 이유가 바로 이 때문이 아닌가 싶다.

희빈 장씨는 그녀의 곁을 그냥 지나칠 수 없도록 누구든 붙들고 이야기를 건넨다. 누구보다 문화예술인들에게 수많은 소재를 제공해주려고 애쓴다. 아니, 이미 많은 소재를 제공하고 있다.

왕의 여인으로 문학, 뮤지컬, 영화, 오페라, TV드라마 등에 스토리텔링 소재가 되어 문화예술 발전에 크게 이바지하고 있다. 욕심이 지나쳐 비극적으로 인생을 마무리했지만 후세에게 인생의 교훈을 던져주고 있는 것도 사실이다.

경종의 어머니로 대빈궁의 주인되다

희빈 장씨는 왕을 낳은 어머니이기에 7명의 후궁들 신주가 모셔져 있는 칠궁에 그녀의 신주도 자리하고 있다. 그녀의 사당은 대빈궁이다.

🔸 궁녀의 자리에서 왕비의 자리까지 초고속 승차한 희빈 장씨의 신주가 모셔져 있는 칠궁의 대빈궁이다. 칠궁에 자리한 다른 사당과 달리 대빈궁은 문의 장식도 크고 화려할 뿐 아니라 각진 다른 사당의 기둥과 달리 유일하게 둥글다. 칠궁에서 그녀만이 왕비의 경력을 가지고 있기 때문일 것이다.

대빈궁은 경종의 어머니이자 숙종의 후궁인 희빈 장씨의 신주를 모셔 놓은 사당이다.

경종은 1722년(경종 2년) 희빈 장씨의 사당을 경행방 교동에 건립하였다. 그 후 1870년(고종 7년) 육상궁 안으로 옮겼다가 다시 1887년(고종 24년) 원래의 자리 경행방으로 옮겼다. 그러다 1908년(순종 2년)에 다시 육상궁 안으로 옮겨와 오늘에 이르고 있다.

가만히 생각해보면 그녀가 누린 게 많아도 참 많다. 그런데도 여태 화를 삭이지 못하고 있다면 말이 안 된다. 이 세상에 복을 누리기는커녕 고생만 하다가 세상을 뜨는 사람이 얼마나 많은지를 그녀가 깊이 생각해보아야 한다. 그녀는 누가 봐도 행운이 따랐던 왕의 여인이었다. 솔직히 그녀로 인해 억울한 사람은 많아도 자신이 그렇게 억울할 일은 아니다.

조선 전기만 해도 후궁을 뽑을 때도 간택을 통하여 뽑았다. 그리하여 왕비와 후궁 사이의 신분 차이가 거의 없었다. 그런데 희빈 장씨는 간택이 아닌 궁녀로 들어와 후궁이 되었으니 그녀는 하늘을 날아오르는 기쁨을 느꼈을 것이다.

그녀는 궁녀에서 후궁이 되었을 때의 마음만을 간직하고 더 이상의 욕심은 부리지 말았어야 했다. 아버지를 잃고 가정 형편이 어려워 궁녀로 들어왔던 때를 잊지 말고 생활했어야 했다. 그러나 그녀는 지난 일은 까마득히 잊고 왕비의 자리까지 넘보았다. 끝내 그녀는 왕비가 되었고, 그 후엔 하늘도 무서워하지 않았다. 그 결과 희극으로 이끌어가던 그녀의 인생이 비극으로 마무리되고 말았다.

이제 그녀는 숙종이 찾지 않는다고 억울해할 일이 결코 아니다. 숙종이 영조의 어머니 숙빈 최씨를 하루도 거르지 않고 찾아간들 뭐라고 잔소리할 일도 아니다. 이제 죄인의 몸으로 죽어간 그녀는 숙종과 한 울타리 안에 잠들게 된 것만으로 만족해야 한다. 억울해도 오르지 못할 왕비까지 올라보았으니 모든 걸 다 내려놓아야 두 다리 뻗고 편히 잠들 수 있지 않을까 싶다.

그녀는 조선의 후궁들 중 죽어서까지 어느 후궁이 왕과 같은 능역에 잠들었나를 가려보아야 한다. 그녀 말고 아무도 없기 때문이다. 더는 욕심 부리지 말고, 더는 화내지 말고, 바람소리, 새소리에 귀 기울이며 차분히 잠들어 있길 바라고 싶다. 그래야만 따뜻한 햇살도 그녀 곁에 내려와 그녀의 차가운 마음을 따뜻하게 보듬어줄 것이다. 아울러 그녀가 잠든 숲에서 지저귀는 새소리도 슬프게 들리지 않을 것이고 물소리, 바람소리도 싱그럽게 들려올 것이다.

그녀의 삶을 한참동안 들여다보노라니 불현듯 나옹선사가 쓴 시 한 편이 떠오른다. 그녀가 이 시를 읊으며 화를 누그러뜨렸으면 좋겠다는 생각이 간절하다.

청산은 나를 보고 말없이 살라하고
창공은 나를 보고 티없이 살라하네
탐욕도 벗어놓고 성냄도 벗어놓고
물같이 바람같이 살다가 가라하네

무수리 출신으로
최장수 왕을 낳은 후궁

칠궁 중문에서 바라본 육상궁. 제21대 왕 영조의 어머니 숙빈 최씨의 육상궁과 영조의 제
1후궁 정빈 이씨의 연호궁이 합사되어 있다. 삼문 안 육상궁 양 옆에 사당을 청소하거나
수리할 때 신주를 잠시 모셔 두는 이안청이 자리하고 있다. 숙빈 최씨는 무수리 출신으로
왕을 낳은 어머니가 되었다.

50년 넘게 장기 집권한
효자왕을 낳다

숙빈(淑嬪) 최씨(1670~1718)는 후일 영의정으로 추증된 최효원과 남양 홍씨의 딸로 현종 11년에 태어났다. 그녀에 대한 정확한 기록은 없으나 처음 무수리로 궁궐에 입궁한 것으로 알려져 있다.

하지만 그녀는 신분에 상관없이 제19대 왕 숙종의 후궁이 되었다. 그리고 제21대 왕 영조(1694~1776)를 낳아 왕의 어머니가 되었다. 그녀의 본관은 해주이다.

숙빈 최씨는 1689년(숙종 15년) 인현왕후 민씨가 폐서인이 되고, 희빈 장씨가 왕비에 오른 뒤 숙종의 승은을 입고 내명부 종4품인 숙원이 되었다. 그녀는 1693년(숙종 19년) 숙종과의 사이에 맏아들 영수를 낳았으나 태어난 지 두 달 만에 세상을 떠났다. 그리고 숙종의 제1계비 인현왕후 민씨가 복위된 1694년(숙종 20년)에 차남 연잉군 금을 낳았다. 그가 바로 그녀의 인생에 서광을 비춰준 조선의 제21대 왕 영조다.

아들을 낳아 초고속 승진하다

숙빈 최씨는 영조를 낳은 해에 종2품 숙의가 되었다. 그 후 1695년
(숙종 21년)에 종1품 귀인이 되었고, 1699년(숙종 25년)에 정1품 숙빈이
되면서 초고속 승차를 거듭했다. 그녀는 희빈 장씨가 그랬듯 궁녀의 신
분에서 내명부 최고의 자리인 빈까지 올라갔다. 정1품 빈은 후궁 중 가
장 높은 직위였다.

숙빈 최씨는 비운의 왕이었던 제6대 왕 단종의 덕도 톡톡히 보았
다. 단종은 죽은 지 241년이 지난 1698년(숙종 24년)이 되어서야 왕으
로 복위되었다. 숙종은 단종의 복위를 축하하는 의미로 그녀를 내명부
최고의 위치에 올려놓았기 때문이다.

왕의 여인으로 그녀보다 높은 자리는 이제 왕비의 자리밖에는 없었
다. 당시 숙종에게는 왕비 소생의 아들이 없었고, 희빈 장씨의 소생으
로 한 명, 숙빈 최씨 소생으로 한 명밖에 없었다. 이미 숙종은 희빈 장
씨에게서는 정이 떨어졌고, 아들까지 낳아준 숙빈 최씨를 챙기기에 여
념이 없었다.

숙빈 최씨는 숙종의 제1계비 인현왕후 민씨와 사이가 돈독했다. 그
랬기에 인현왕후 민씨가 희빈 장씨로 인하여 왕비에서 폐위되어 사가

✤ 영조는 경복궁의 서쪽에 있는 영추문과 큰 인연이 있다. 그곳 가까이에 그의 잠저인 창의궁이 있었기 때문이다. 그곳에서 왕이 되기 전 어머니인 숙빈 최씨와 살았고, 숙빈 최씨가 그곳에서 49세의 나이로 사망했다. 결혼후에는 원비인 정성왕후 서씨와도 창의궁에서 살았으며 제1후궁 정빈 이씨와의 사이에 화순옹주와 추존왕 진종(효장세자)도 창의궁에서 탄생했다.

로 쫓겨나고, 장희빈이 중전으로 있을 때 모진 박해를 받았다. 그 후 갑술환국으로 인현왕후 민씨가 복위되자 그녀도 편안해졌다. 희빈 장씨가 인현왕후 민씨를 해하기 위해 저주 굿을 한다고 숙종에게 고발한 사람도 바로 숙빈 최씨다.

1701년(숙종 27년) 인현왕후 민씨가 죽고, 같은 해 희빈 장씨도 사약을 받고 사사되었다. 하지만 그녀는 국모의 자리에 오를 수는 없었다. 숙종이 희빈 장씨 이후 다시는 후궁이 왕비에 오르는 일이 없도록 아예 국법으로 정해버렸기 때문이다. 숙종은 명을 내려 후궁은 왕비에 오를 수 없도록 법제화했다. 《숙종실록》의 〈숙종 대왕 묘지문〉에 그 기록이 있어 그 부분만 옮겨본다.

묘지문(墓誌文)에 이르기를, 왕이 오랫동안 후사(後嗣)가 없다가 무진년에 후궁 장씨가 비로소 우리 사왕 전하(嗣王殿下)를 탄생하니, 빨리 원자(元子)의 명호(名號)를 정하라고 명하였다. 기사년에 인현왕후는 사제(私第)로 물러나 살고 장씨를 올려서 왕비로 삼을 것을 명하였다. 갑술년에 하교하기를, '기사년의 일을 돌이켜 생각해 보건대 나도 모르게 마음속에 부끄러움을 느낀다. 진실하고 정성스러운 마음을 살피지 못한 채 잘못 양좌(良佐)를 의심하였었다. 내가 일찍이 공평한 마음으로 차근차근 따져보고 환히 깨닫게 되어 크게 회한을 느낀 나머지 몸을 뒤척이며 잠들지 못한 지 여러 해가 되었다. 이제 윤음(綸音)을 내려서 다시 곤위(壼位)를 바르게 하니, 이는 천리의 공변됨에서 나온 것이며, 종사(宗社)의 묵묵한 도움을 힘입은 것이다.' 하였다. 또 하교하기를, '나라의 운수가 태평한 데로 돌아와 중전이 복위되었으니, 백성에게 두 주인이 없는 것은 고금의 공통된 의리다. 장씨의 왕후 인수를 회수하라.' 하였다. 또 기사년에 목숨을 걸고 간했던 오두인·박태보 등에게 관작을 추증하고, 정려할 것과 그때 화를 즐기고 명의를 범한 자들을 처형하고 귀양낼 것을 명하였다. 그 뒤에 또 하교하기를, '지금부터 기록하여 방가(邦家)의 제도로 만들되, 빈어(嬪御)가 후비(后妃)에 오르지 못하도록 하라.' 하였다.

《숙종실록》 65권, 숙종 대왕 묘지문[誌文]

이는 숙종의 치적 중 하나라고도 할 수 있다. 숙빈 최씨는 마음속으로 은근히 기대를 했을 테지만 후궁에 오른 것만으로 만족해야만 했다. 희빈 장씨는 숙빈 최씨의 꿈은 물론 모든 궁녀와 후궁들의 꿈을 앗아가 버렸다. 그동안은 후궁이 왕비에 오른 경우가 종종 있었다. 희빈 장씨의 악행으로 인하여 궁녀든, 후궁이든 왕비에 오르는 기대는 더 이상할 수 없게 되었다.

왕비의 자리는 끝내 물건너가다

숙종 역시도 숙빈 최씨에게 왕비의 자리를 선물해주고 싶었을지도 모른다. 그러나 희빈 장씨가 남기고 간 상처가 너무나 컸기에 그녀에게 왕비의 자리까지 선물하지는 못했다. 어쩌면 태어나자마자 원자에 올랐다가 세자가 된 희빈 장씨의 소생 경종이 불쌍해서 그랬을지도 모른다. 숙종의 아들을 낳은 숙빈 최씨가 왕비에 오르면 세자의 지위가 불안해질 것은 당연한 일이다.

그 시점에서 숙종의 국법 제정은 참 현명했던 것 같다. 희빈 장씨는 미워도 그녀와의 사이에 태어난 아들 경종은 지켜주고 싶었을 숙종의 애잔한 마음이 읽혀진다. 숙종이 다행히 중심을 잡아 희빈 장씨의 소생 경종은 더 이상 불쌍해지지는 않았다.

숙빈 최씨의 꿈은 내명부 최고의 자리에서 멈췄지만 아들은 제21대 왕이 되었다. 그녀는 왕비는 되지 못했지만 왕을 낳은 어머니가 되었다. 아들 영조는 조선의 역대 왕들 중 가장 오래 살았으며, 재위 기간도 가장 길다. 그런 아들을 낳아놓고 자신은 아들은커녕 희빈 장씨의 아들이 왕위에 오르기 전 1718년(숙종 44년) 49세에 병으로 세상을 떠났다.

숙빈 최씨는 죽었어도 못다 이룬 것은 없었을 것이다. 500명이 넘는 궁녀들 중 왕의 얼굴조차 보지 못한 궁녀들이 수두룩할 텐데 승은을 입은 궁녀가 아닌가. 그녀는 더 이상 바랄 게 없을 행운을 타고난 여인이다. 만약 희빈 장씨처럼 왕비에 오르려고 계략을 꾸몄다면 그녀가 낳은 영조는 왕이 되지 못했을지도 모른다.

《선원록(璿源錄)》 등에 의하면 숙빈 최씨에게 아들 영수와 영조 아래에도 조졸한 왕자가 한 명 더 있었다는 기록이 있다. 《선원록》은 조선의 왕실 족보로 국가에서 관리하는 국왕의 친족에 관한 인적 사항을 조사하여 기록한 것이다.

조선 제3대 왕 태종은 사후 왕위 계승 분쟁을 우려하여 1412년(태종 12년) 조선의 왕실 족보를 《선원록》, 《종친록(宗親錄)》, 《유부록(類附錄)》에 3가지로 나누어 작성할 것을 명령했다. 《선원록》에는 시조 이한부터 태종까지 직계만을 수록했고, 《종친록》에는 적자를 대상으로 하여 태조와 태종의 아들만을 수록했으며, 《유부록》에는 딸과 서얼을 수록했다.

무수리 출신이라 아들에겐 콤플렉스

숙빈 최씨가 낳은 3명의 아들 중 영조만 홀로 살아남았다. 그렇지만 열 아들 부럽지 않을 그녀다. 그녀가 세상을 떠났어도 하나 남은 아들 영조는 왕의 자리에 올라 조선의 군주 역할을 늠름히 해나갔다. 영조의 재위 기간이 52년에 가까운 것만 보아도 알 수 있다. 519년 동안 이어진 조선의 역사 중 영조가 10퍼센트 가량을 만들어냈다. 영조는 명도 길어 다른 왕들의 2배 이상을 살았다. 그가 83세에 생을 접었으니 하는 말이다.

숙빈 최씨의 성장과 입궁에 관한 이야기는 확실치 않다. 7세의 어린 나이에 입궁했다는 설이 있는가 하면, 1936년 장봉선 등이 편찬한 〈정읍군지〉에 실린 기록을 보면, 전북 정읍현 태인에서 태어나 어린 나이에 일찍 부모님을 여의고 고아로 자랐다고 한다. 그러던 중 인현왕후 민씨의 친정아버지 민유중이 전남 영광군수로 부임하는 길에 태인 대각교에서 남루한 그녀를 발견하여 민유중의 부인 송씨가 불쌍히 여겨 데려다 키웠다고 한다. 그 후 인현왕후 민씨가 왕비로 간택되면서 입궁할 때 그녀를 대동시켰다고 한다.

또 전해오는 다른 이야기에는 숙빈 최씨의 고향은 전북 정읍이 아니고, 전남 담양군 창평마을이라고 한다. 그녀의 외할아버지 홍계남이 한성 출신이었다고 하니 설득력이 좀 떨어진다. 《영조실록》에 화경 숙빈이 태어난 옛집의 전매를 금한다는 기사가 실린 것을 보면 숙빈 최씨는 서울 출신임은 분명하다.

이때에 서학동 여경방에 화경숙빈(和敬淑嬪)이 탄생한 옛집이 있었는데, 임금이 내승(內乘) 최조악(崔朝岳)에게 명하여 형지(形址)를 그려 오게 하고 이어서 탁지(度支)에 명하여 그 값을 주게 하였으며, 증(贈) 최영상(崔領相)·증(贈) 홍찬성(洪贊成) 자손으로 하여금 대대로 살면서 전매하지 못하게 하였다. 증 최영상은 곧 숙빈의 아버지이고 홍찬성은 곧 숙빈의 외조(外祖)이다.

《영조실록》98권, 영조 37년 8월 4일 경오 3번 째 기사 1761년 청 건륭(乾隆) 26년

《영조실록》에서 보듯이 숙빈 최씨가 태어난 곳은 여경방 서학동(현재 서울 세종로 일대)이다. 서학동은 말 그대로 서부의 학교 서학이 있는 동네로서 여경방에 속한 곳이다.

영조는 어머니인 숙빈 최씨의 생가에 자신의 외조부 최효원과 어머니의 외조부 홍계남의 자손이 대대로 살도록 하면서 생가를 팔지 못하게 했다. 그리고 보면 숙빈 최씨가 아주 미천한 집안의 딸은 아닌 듯싶다. 일찍 부모를 잃어 고아가 되어 형편이 어렵게 된 것은 아닌가 싶다. 숙빈 최씨의 외조부 홍계남이 경기도조방장, 경상도조방장, 수원판관, 영천군수를 지낸 것만 봐도 그렇다.

어찌 되었거나 그녀가 낳은 아들 영조는 조선의 최장수 왕이 되었고, 어머니를 위해 별도의 사당 육상궁(毓祥宮)을 세우고 시호(諡號)를 올리는 등 추숭 작업을 마무리한 뒤 생가까지 복원하였다. 육상궁이 경복궁의 서북쪽인 북부 순화방에 있었으므로 사당도 생가와 가까운 거리에 짓고자 했을 것이다.

영조는 어머니 숙빈 최씨의 신분이 낮아 콤플렉스를 가슴에 안고 살아가야만 했다. 그녀는 궁궐 안에서 왕과 왕비를 가까이 모시는 나인(궁인·궁녀)들에게 세숫물을 떠다 바치는 무수리 출신이었다고 한다. 숙빈 최씨의 아버지는 시체를 검시하는 오작인이었고, 오빠는 장악원의 악사였다고 한다. 그러니 영조가 어머니 최씨의 집안에 대해 충분히 콤플렉스를 가질 만했다. 오늘날과 달리 그 당시의 직업으로는 보잘 것 없었기 때문이다.

영조는 숙빈 최씨의 출신성분도 성분이었지만 그녀가 고아로 자랐다는 것도 큰 콤플렉스였다. 아무튼 영조는 자신의 어머니 신분 때문인지 1730년(영조 6년) 양인 어머니와 천인 아버지 사이에서 태어나면 양인이 되게 했다가, 이듬해에는 남자는 부모 중 아버지의 신분을 따르게 하고, 여자는 어머니의 신분을 따르게 했다. 숙빈 최씨의 어머니가 남양 홍씨로 양반 가문 출신이라 그랬지 않나싶다. 또한 서얼 차별로 인한 사회적 불만 요인을 해소하기 위하여 서얼 출신도 관리로 등용할 수 있도록 했다. 왕도 어려움을 겪어보고, 어려운 처지가 되어봐야 백성의 심정을 이해할 수 있음을 영조가 친히 보여준 셈이다.

아들 영조, 운 좋게 왕좌에 오르다

1694년(숙종 20년) 숙종과 숙빈 최씨 사이에서 3남 중 2남으로 태어난 영조가 조선의 제21대 왕이 되었다. 영조 역시 아버지 숙종처럼 왕비에게서는 아들을 얻지 못했다. 그의 원비 정성왕후 서씨와 계비 정순왕후 김씨에게는 한 명의 자녀도 얻지 못하고 4명의 후궁들에게서만 2남 12녀를 얻었다. 그 중 정빈 이씨의 아들에 이어 영빈 이씨의 아들을 왕을 만들기 위해 세자로 책봉하였다. 하지만 두 아들 모두 왕위에 오르기 전 세상을 떠났다. 그러나 영조는 손자 정조로 인하여 추존왕 진종(효장세자)과 추존왕 장조(사도세자) 두 아들이 왕으로 추존되는 바람에 왕을 낳은 아버지가 되었다.

영조는 경종의 이복동생으로 경종이 후사가 없는 바람에 세제를 거쳐 왕위에 오를 수 있었다. 아버지 숙종은 3명의 왕비가 있었지만 아들을 단 한 명도 얻지 못하였다. 숙종에게 아들을 선물한 여인은 천비 소생의 세 후궁이었다. 나인(궁녀) 출신의 희빈 장씨와 무수리 출신의 숙빈 최씨, 희빈 장씨의 나인이었던 명빈 박씨가 각각 아들을 선물해주었다. 이들은 후궁의 몸이었지만 아들을 낳음으로써 숙종의 사랑을 듬뿍 받았던 왕의 여인들이다.

희빈 장씨의 아들이 경종이었고, 숙빈 최씨의 아들이 영조였다. 경종은 1688년(숙종 14년) 태어났고, 영조는 1694년(숙종 20년) 태어났다. 경종은 생후 2개월 될 무렵부터 숙종의 제1계비 인현왕후 민씨의 양자로 입적되어 원자가 되었다가 3세에 세자로 책봉되었다. 그런데 경종은 14세에 어머니 희빈 장씨를 잃었다. 아버지가 내린 사약을 받고 비참한 모습으로 죽어가는 어머니를 눈앞에서 지켜봐야만 했다. 경종은 어머니 희빈 장씨가 사사된 후부터는 병을 얻어 세자로서의 의무를 제대로 수행하지 못했고, 생산능력마저 상실하였다.

숙종은 경종이 후사를 남길 수 없음을 알고 후사로 연잉군(영조)을 결정해 달라고 노론의 영수 이이명에게 독대하면서 부탁하였다. 그리고 자신은 병이 들어 정사를 돌볼 수 없으니 세자인 경종에게 대리청정을 시켜야겠지만 세자 역시 건강이 안 좋으므로 연잉군에게 세자를 대신하여 대리청정하라고 명하였다.

하지만 세자인 경종을 지지하고 있던 소론측은 세자를 바꾸려 한다고 비난하며 거세게 반대하였다. 이때부터 경종은 자신을 지지하는 소론과 연잉군을 지지하는 노론에 의해 당쟁에 휘말렸다.

숙종은 당쟁의 소용돌이가 일고 있을 당시 60세의 나이로 세상을 떠났고, 뒤를 이어 경종이 1720년(숙종 46년) 33세에 왕위에 올랐다. 그리고 경종 즉위 1년 만인 1721년(경종 원년) 많은 논란 속에 연잉군을 세제로 책봉하였다. 연잉군이 왕세제에 책봉되자 집권당이었던 노론은 실권을 더욱 굳건히 다지고자 이번에는 경종의 병약함을 이유로 세제 연잉군의 대리청정을 주장하고 나섰다. 이에 경종은 왕세제에게 대리청정을 하도록 허락하였다. 이로 인하여 노론과 소론의 분쟁은 끊이지 않았다.

당쟁의 분쟁에 휘말려 연잉군 스스로 목숨에 위협마저 느끼게 되었다. 연잉군은 자신의 지지기반이던 노론이 신임사화로 대거 축출되고, 거기다 자신도 신변의 위협을 느끼게 되자 자신의 양어머니이자 숙종의 제2계비로 대비에 올라있던 인원왕후 김씨를 찾아가 왕세제 자리를 내놓는 것도 불사하겠다면서 자신의 결백을 호소하였다. 다행히 대비는 평소 노론 측의 입장에 서서 왕세제를 감싸왔던 터여서 왕세제의 간절한 호소를 담은 언교를 몇 차례 내려 소론 측의 전횡을 누그러뜨렸다. 그 덕분에 연잉군은 가까스로 목숨을 부지할 수 있었다.

사실 전례로 봐서는 그 당시 연잉군이 살아남기는 어려운 상황이었다. 하지만 명빈 박씨의 소생인 이복동생 연령군도 세상을 떠났고, 연잉군 외에는 왕통을 이을 왕자가 없었기에 목숨을 부지할 수 있었다.

제17대 왕 효종 대부터 왕실에 손이 귀해 8촌 이내의 방계혈족을 찾기도 어려웠다. 소현세자의 아들이 1명 살아남아 그의 자손들이 있긴 하였지만 효종도 아들이 하나뿐이었고, 현종도 아들 하나뿐이어서 왕위를 계승할 방계혈통에서도 왕자를 찾아내는데 마땅한 인물이 없었다. 경종도 후사를 잇지 못하게 생겼으니 영조를 내칠 수도 없는 입장이었다. 그렇게 되면 왕위 계승문제로 조정은 회오리바람이 불어 닥칠 것은 뻔하였다.

그러고 보면 영조는 운이 좋았다. 하지만 당쟁의 틈바구니 속에서 생명의 위협을 느끼며 살아갈 수밖에 없었다. 왕위 계승서열 1위인 영조였지만 출신 성분이 미약하여 더 많은 저울질을 당했다. 다행히 그는 1724년(경종 4년) 이복형인 경종이 승하하면서 왕위에 올랐다.

영조는 조선왕조 역사상 최고의 기록을 몇 개나 보유하고 있는 왕이다. 우선 조선의 왕들 중 51년 7개월의 가장 긴 재위기간을 가진 왕이 되었고, 83세로 가장 오래 산 장수왕이 되었다. 그리고 왕비와의 나이 차이도 51세로 최고로 많이 났다. 그리고 그가 가장 듣기 싫어했던 무수리 출신을 어머니로 둔 유일한 왕이었다.

탕평정국으로 왕권 안정시켜

영조는 왕위에 오르자마자 붕당의 폐해를 열거하며 탕평정국을 열어 인재를 고루 등용하려는 노력에 박차를 가하였다. 탕평책은 영조가 당파싸움을 막기 위한 방안으로 당파 간 세력균형을 위해 추진한 정책으로 노론과 소론 세력의 화해를 주선하는데 심혈을 기울였다. 하지만 크게 효과를 보지 못하고 그의 손자인 정조 대에 이르러서야 성과를 거두었다. 당쟁의 소용돌이 속에 죽어간 사도세자를 아버지로 둔 정조는 자신의 침실에 '탕탕평평실(蕩蕩平平室)'이라는 이름을 붙이고 편액을 걸기까지 하였다. 당파싸움에 진저리가 났던 정조였다.

영조의 탕평책에도 불구하고 일부 정권지향적인 무리들에 의해 당쟁은 지속되었고 급기야 왕권에 도전하는 변란이 발생하기도 하였다. 영조는 이같은 난국을 비상한 정치능력으로 타개하면서 탕평정국으로 이끌고나가는 데 성공하였다. 영조의 탕평정국이 어느 정도 안정되면서 재야에서는 사실에 토대를 두어 진리를 탐구하는 실사구시의 학문이 일어나 사회 전반에 새로운 바람을 불러일으켰다.

영조는 초기에는 재능에 관계없이 탕평론 자를 중심으로 노론과 소론만 등용하다가 이 정책을 제도적으로 정착시키게 되었다. 영조는 이러한 정국 구도에 따라 노론, 소론, 남인, 소북 등 사색당파를 고르게 등용하여 탕평정국을 더욱 확대시켜 나갔다.

이처럼 영조는 즉위 초부터 탕평책을 써서 과열된 당쟁을 해소하고자 하였고, 균역법을 실시하여 백성들의 세 부담을 덜어주었으며 가혹한 형벌을 폐지하는 등 정치·사회적 문제점들을 해결하려고 노력하였다. 또한 경제 문제에도 관심을 기울여 저수지를 고치고 청계천을 준설하는 등 수리사업에도 힘썼으며 탈세 방지에도 노력하였다.

한편 자신이 서자 출신이어서 그랬는지 서자를 관리로 등용하는 기반도 마련하였다. 통신사로 일본에 갔던 조엄이 고구마를 가져와 구황식량으로 널리 보급한 시기도 영조 때였다. 그 후 흉년이 들 때면 구황

식품으로 고구마를 요긴하게 먹을 수 있었다.

사도세자를 죽음으로 몰고 가다

영조는 장남인 효장세자를 잃고 그렇게 기다리고 기다리다가 얻은
아들 사도세자를 이상할 만큼 사랑하지 않았다. 영조는 아들은 둘 뿐
이었지만 딸은 많았다. 귀하게 얻은 하나뿐인 아들보다 딸들을 더 사랑
했다. 그렇게 영조가 딸들을 사랑했지만 대부분 조기 사망하였다. 일찍
사망할 것을 알기라도 한 듯 영조의 딸에 대한 사랑은 무조건적이었다.

영조의 2녀였던 화순옹주는 영조의 제1후궁이었던 정빈 이씨의 소
생이었다. 화순옹주는 김한신과 혼인하였는데 남편이 죽자 곡기를 끊
고 14일 만에 남편을 따라 죽어버렸다. 김한신은 추사 김정희의 증조
부이고, 화순옹주는 추사 김정희의 증조모였다. 정조는 고모인 화순옹
주의 정절을 높이 기려 열녀문을 왕명으로 하사하였다. 화순옹주는 왕

✦ 영조의 제1후궁으로 추존왕 진종(효장세자)과 화순옹주를 낳은 정빈 이씨가 묻힌 수길원이다. 수북이 쌓여 있
는 낙엽만큼이나 수길원도 쓸쓸하다. 홍살문만 남아있을 뿐 어느 전각도 남아있지 않다.

실사람으로 유일하게 열녀문을 받았다. 그 건물들의 일부가 지금도 김한신과 화순옹주의 합장묘 곁에 남아 있다. 자녀가 없었던 화순옹주가 남편이 죽자 곡기를 끊었는데 영조가 하루가 멀다 하고 찾아가 살기를 애원했는데도 굶어 죽은 것이다. 화순옹주는 그녀의 남편 월성위 김한신과 추사고택 곁에 합장되었다. 영조가 사랑하는 딸을 위해 직접 비문을 친필로 써주었다. 그 정도로 영조가 딸들을 사랑했다.

12명의 딸들 중 영조의 제2후궁인 영빈 이씨가 낳은 딸이 6명으로 그 중 화완옹주가 6녀로 막내딸이다. 하나 남은 화완옹주가 20대 초반에 남편과 딸을 잃고 청상과부가 되었다. 그래서인지 영조는 하나 남은 화완옹주가 불쌍하다며 궁궐 안에 거처를 마련해 놓고 불러들였다. 화순옹주의 일을 겪은 영조는 지레 겁을 먹고 화완옹주를 궁궐로 불러들였을지도 모른다.

영조는 당쟁의 소용돌이 속에 효장세자는 이미 세상을 떠났고, 하나뿐이었던 아들 사도세자의 죽음마저 막아내지 못하였다. 그는 죽어서도 아들에게 용서를 받을 수 없는 왕이요, 아버지가 되었다. 세자였던 아들을 죽음으로 몰고 갔기 때문이다.

✤ 충남 예산에 자리한 추사 고택 곁에 있는 화순옹주와 김한신의 묘. 그리고 화순옹주의 정절을 기리는 열녀문이 있다.

영조는 자신이 왕이 되는데 결정적인 힘이 되어준 노론의 입장을 완전히 무시하지 못하였다. 결국 남인과 소론을 견제하려는 노론세력을 감당하지 못한 영조가 소론을 지지하고 있던 사도세자를 뒤주에 가둬 죽이는 참극이 발생하였다. 영조는 붕당정치의 폐해 속에서 자신은 살아남았지만 아들은 살려내지 못하고 말았다.

영조는 이 사건 후 사도세자의 어린 아들(정조)을 세손으로 책봉하고 일찍 죽은 맏아들 효장세자의 양자로 입적시켜 왕통을 이어가게 했다. 영조는 정조가 죄인으로 죽은 사도세자의 아들로는 왕위를 이어받기 어려울 것으로 보고 효장세자의 양자로 올렸던 것이다. 손자 정조에게 왕위를 잇게 하여 아들 사도세자의 한을 조금이라도 씻게 해주고, 아버지의 비극적인 죽음을 지켜본 손자의 마음도 어느 정도 치유해주고 싶어한 영조의 마음이 깔려 있지 않았나 싶다.

영조에게는 사도세자의 아들로 정조 말고 의소세손이 있었다. 사도세자와 혜경궁 홍씨 사이에서 장남으로 태어난 의소세손은 3세에 그만 생을 마감하였다. 의소세손이 1752년 음력 3월 4일 요절하는 바람

✤ 영조의 제2후궁으로 추존왕 장조(사도세자)를 낳은 영빈 이씨가 잠들어 있는 수경원이다. 그 옆의 비석은 옛 수경원 터에 비각은 그대로 남겨두고 몸만 쏙 빠져나와 새 수경원으로 주인을 따라왔다.

✤ 영조의 장손 의소세손과 추존왕 장조의 장손 문효세자가 아래·위로 잠들어 있는 의령원(좌)과 효창원(우)의 전경과 원소이다.

에 정조가 세손이 될 수 있었다.

영조는 재위기간도 길었지만 가슴 뭉클한 글을 많이 남긴 왕 중의 왕이다. 영조는 의소세손을 잃고 슬픈 마음을 담은 긴 글을 써서 남겼다. 《조선왕조실록》 1752년(영조 28년) 기사 중에 "무슨 일로 국운이 침체의 운수를 당하여 내 손자를 죽게 하였단 말인가?" 임금이 눈물을 흘리면서 말하기를 "세 살짜리가 무엇을 알겠는가?"라는 내용 등이 실려 있다. 원래 영조는 이렇듯 정이 많긴 했었나 보다.

어머니로 인한 열등의식이 원비를 소박해

영조는 왕위에 올라있으면서도 그의 출신성분에 대한 열등의식은 사라지지 않았다고 한다. 영조의 어머니 숙빈 최씨는 어려서부터 바느질을 하고, 맨발로 물지게를 지고 다녀서 손과 발이 거칠며, 항상 아팠다고 한다. 그런 어머니가 떠올라 부인 정성왕후 서씨를 소박하였다고 하는데 영조의 열등의식이 어느 정도였는지 짐작이 가고도 남는다.

전해오는 일화에 따르면 연잉군 시절에 정성왕후 서씨가 13세에 영조를 만나 결혼을 하였는데 첫날 밤에 영조에게 소박을 맞았다고 한다. 이유인 즉 영조가 정성왕후 서씨의 손을 잡고 "손이 참으로 곱다."면서 칭찬을 하자, 정성왕후 서씨는 무심코 "궂은일을 해본 적이 없어 그렇다."고 하였다. 그 날 이후부터 영조가 그녀를 박대하고 멀리하였다고 한다. 아마도 무수리로 고생하면서 살았던 어머니의 거친 손과 발이 생각나서 그랬을 것이다. 하지만 정성왕후 서씨 입장에서 보면 참으로 어이없는 일이다. 원비 정성왕후 서씨는 평생 독수공방하며 지내다 서러움을 가슴에 안은 채 66세를 일기로 세상을 떠났다.

영조의 능호는 원릉(元陵)이며 계비 정순왕후 김씨와 쌍릉으로 조성되어 있다. 영조와 53년을 함께 해로한 영조의 조강지처 정성왕후 서씨와 함께 잠들지 않았다. 원릉은 경기도 구리시 인창동 산 2-1번지 동구릉 능역 안에 있다.

처음 영조는 원비 정성왕후 서씨가 세상을 뜬 후 서오릉 능역 안의 홍릉에 장사지내면서 그녀 곁에 유택을 마련하였다. 원비 정성왕후 서

✤ 영조 곁이 아닌 우허제 곁에 잠들어 있는 원비 정성왕후 서씨의 홍릉 능침이다. 영조는 죽으면 서씨 곁에 묻히겠다고 했지만 젊디젊은 계비 정순왕후 김씨 곁에 잠들었다. 홍릉은 처음부터 쌍릉으로 조성하여 석물은 반쪽 왕릉을 지키고 있다. 텅 비어 있는 영조의 능침자리가 애달프다. 홍릉은 조선왕릉 중 유일하게 미완의 왕릉이다.

✤ 정조는 효종의 파묘 자리 원릉에 할아버지 영조와 계비 정순왕후 김씨를 쌍릉으로 조성했다.

씨를 평생 독수공방하게 만든 지아비이지만 조강지처라 그랬는지 그녀의 능침 오른쪽을 비워 놓았다. 자신이 죽으면 함께 잠들고자 하여 정성왕후 서씨의 능 오른쪽 정혈(正穴)에 돌을 십자로 새겨 묻어 우허제(右虛制)를 쓰게 한 것이다. 그리하여 능위의 석물도 쌍릉을 예상하여 배치하여 놓았다. 50여 년을 부부가 되어 함께 살았으니 영조가 그녀의 곁에 묻히는 것은 당연한 일이었다.

하지만 영조의 원비 정성왕후 서씨를 제치고 왕 곁에 잠든 여인은 계비 정순왕후 김씨다. 정순왕후 김씨는 영조가 66세에 되던 해, 15세의 어린 나이로 삼간택을 통해 계비가 되었다. 그녀는 살아서 영조의 마음을 사로잡았고 죽어서도 왕 곁에 잠드는 행운을 낚아챘다. 끝내 이제나저제나 애타게 기다리고 있던 정성왕후 서씨 곁에 잠들지 못했다. 영조는 결국 조강지처 정성왕후 서씨에게 죽어서까지도 독수공방의

✿ 영조를 낳은 숙종의 후궁 숙빈 최씨가 전나무 숲속에 자리한 소령원에 잠들어 있다. 숙빈 최씨가 묻힌 소령원을 홍살문 앞에서, 정자각 뒤에서 바라보았다. 왕릉도 이보다 긴 사초지는 보지 못했다. 다른 원소보다도 두세 배는 길다. 그야말로 까마득하다. 전망 또한 멋지다.

설움을 겪게 만든 왕이 되고 말았다. 영조의 원비 정성왕후 서씨의 기다림은 아직도 서오릉의 홍릉에서 계속되고 있다.

숙빈 최씨, 효심 강한 영조 낳아
죽어서도 대접 받다

숙빈 최씨는 세상을 떠났지만 그녀의 아들 연잉군은 희빈 장씨의 아들 경종이 소생 없이 죽자 왕세제를 거쳐 왕위에 올랐다. 영조는 어머니 숙빈 최씨에 대한 효심이 지극했다. 숙빈 최씨의 장사를 치르고 난 뒤 그녀의 무덤 근처에다 막을 짓고 무덤을 받들었으며 친필 비와 비각을 4곳에나 세웠다.

묘소는 1744년 소령묘라고 올렸다가 1753년 소령원으로 다시 승격시켰으며, 사당과 무덤에 궁호와 원호를 올릴 때 함께 화경의 시호를

소령원은 원 중에서 가장 잘 꾸며졌다. 원소(좌) 주변에는 여러 석물들이 있는데 그 중 장명등(우)이 아름답다.

올렸다. 후일 수차례에 걸쳐 휘덕안순수복의 존호가 더 올려졌다.

소령원은 그녀를 사랑해 준 지아비 숙종이 잠들어 있는 경기도 고양시 덕양구 서오릉로 334-92에 자리한 서오릉의 명릉과 그리 멀리 떨어지지 않은 경기도 파주시 광탄면 영장리 267번지 비공개 지역에 있다.

소령원은 원 중에서 가장 잘 꾸며졌다. 전나무가 우거진 아름다운 숲이다. 숙빈 최씨의 무덤 주변에는 여러 석물들이 있으며 홍살문, 참도, 정자각, 수복방, 영조의 친필 비문이 새겨진 비석이 있는 2채의 비각이 있다. 정자각에서 그녀의 능침까지는 한참을 헉헉거리며 올라가야 한다. 사초지가 다른 원에 비하여 길기 때문이다. 세조의 광릉보다

✦ 명릉에는 숙빈 최씨의 남편 제19대 왕 숙종과 그녀가 따랐던 제1계비 인현왕후 민씨가 나란히 잠들어 있다. 명릉의 능침 앞과 곡장 뒤 잉에서 바라본 모습이다.

✤ 소령원의 장명등을 통해 바라본 정자각과 비각의 모습이 아름답다.

✤ 영조는 즉위한 뒤 현재의 위치인 경복궁 북쪽에 어머니 숙빈 최씨의 사당을 세우고 숙빈묘라 칭한 뒤 신주를 모셨다. 그 뒤 묘호를 고쳐 육상묘라 했다가 나중에 육상궁으로 승격시켰다. 현재 육상궁에는 정빈 이씨의 연호궁이 함께 있다.

더 길어 보인다.

숙빈 최씨의 신주는 조선시대 역대 왕이나 추존된 왕의 생모들의 신주를 모신 칠궁 중 육상궁에 모셨다. 원래 칠궁 자리는 그녀만의 사당이 있던 자리다.

영조는 1724년에 즉위한 뒤 현재의 위치인 경복궁 북쪽에 사당을 세우도록 명하고, 1725년(영조 1년) 경복궁 북쪽에 숙빈 사당을 완성한 후 숙빈묘라 칭한 뒤 신주를 모셨다. 1744년(영조 20년)에는 묘호를 고쳐 육상묘라 하였다. 그리고 1753년(영조 29년) 육상묘를 육상궁으로 승격시켰다.

그런데 1878년(고종 15년)과 1882년 두 차례의 화재로 육상궁이

✤ 칠궁에 있는 재실(좌)과 냉천정(우)이다. 냉천정은 영조 원년인 1725년에 숙빈 최씨의 사당인 육상궁과 더불어 건립되어 영조가 제삿날에 몸을 깨끗이 하고 정신을 가다듬어 제사를 준비하던 곳이다.

소실되었다. 1882년 화재 때 냉천정에 모셨던 영조의 어진은 다행히 송죽정으로 옮겨 모셨으나, 사당 내 숙빈 최씨의 신주와 옥책, 은인 등은 모두 소실되었다. 그리하여 그 이듬해인 1883년(고종 20년) 육상궁을 복구하였다.

그 후 왕을 낳은 후궁들의 사당이 하나하나 숙빈 최씨의 사당인 육상궁 영역으로 이전되어 오늘에 이르고 있다. 현재는 왕을 낳은 7명의 후궁들 신주를 모신 사당이 옹기종기 모여 있다. 효자 중의 효자, 영조로 인하여 왕을 낳은 다른 후궁들까지도 더 융숭한 대접을 받게 된 것이다. 현재 칠궁에 신주가 모셔져 있는 왕을 낳은 후궁들에게 일 년에 한 번씩 10월 넷째 월요일에 제향을 올리고 있다.

숙빈 최씨는 잠을 자면서도 절로 미소가 띄어질 왕의 여인이자 왕의 어머니다. 그녀는 조선시대 여인의 일생을 성공적으로 이끈 여인들 중 으뜸일 것이다. 아마도 그녀 자신이 왕의 여인이 되고, 왕의 어머니가 되리라는 생각을 갖지 않고 살아왔기에 그런 행운이 찾아왔을 것이란 생각이 든다. 그녀는 살다보면 생각지도 않은 기쁜 일이 일어날 수 있음을 보여준 여인이다.

이처럼 감히 꿀 수 없었던 꿈도 누군가에게는 이루어진다. 그렇기에 세상은 열심히 살아볼 만한 가치가 있는 것이다. 누구에게든 행운이 찾아올 가능성이 있기 때문이다.

삼간택 거친
성품 온화한 후궁

창경궁에는 제22대 왕 정조의 후궁 수빈 박씨의 추억이 서려 있다. 오른쪽 위 통명전과 양화당 아래 솔숲 사이로 영춘헌과 붙어있는 집복헌의 지붕이 보인다. 수빈 박씨는 창경궁의 집복헌에서 남편인 정조의 왕위를 이을 제23대 왕 순조를 낳았다. 그 옆의 영춘헌에서 정조는 독서를 즐겼으며 그곳에서 승하하였다.

살아서 아들이
왕이 되는 것을 지켜보다

　　수빈(綏嬪) 박씨(1770~1822)는 좌찬성 박준원의 딸로 영조 46년에
태어나 제22대 왕 정조의 후궁으로 간택되었다. 당시 박준원은 덕행이
근세 제1인자라는 칭송을 받을 정도로 신망이 두터웠다. 그녀는 정조
와의 사이에 제23대 왕 순조(1790~1834)를 낳아 왕의 어머니가 되었
다. 그녀의 본관은 반남이다.

　　수빈 박씨는 1787년(정조 11년) 2월 11일 수빈이라는 빈호와 가순
궁이라는 궁호를 받고, 다음 날인 2월 12일 정조와 가례를 치렀다. '궁'
이라는 호칭은 대부분 죽은 후 사당에 붙여졌는데 살아서 이 궁호를 받
은 사람은 수빈 박씨와 그의 시어머니이자 정조의 생모인 혜경궁 홍씨
뿐이다.

　　수빈 박씨는 평소 예절이 바르고 사치를 멀리했으며 성품 또한 온

화하여 어진 후궁이라는 뜻으로 현빈(賢嬪)이라 일컬었다.《정조실록》에
그녀에 대한 찬사의 글이 실려 있다. 〈빈호를 수빈이라고 정하다〉라는
제목의 기사만 봐도 알 수 있다.

빈호(嬪號)를 수빈(綏嬪)이라고 정하였다. 빈(嬪)으로 책봉하는 교명문
(教命文)에 이르기를 "왕은 말하노라. 나는 주(周)나라에서 삼부인(三
夫人)과 구빈(九嬪)의 제도를 세워 저사(儲嗣)를 넓힌 것은 성인의 깊은
뜻이었다고 생각한다. 이제 나라의 형세가 외롭고 약한 날을 맞아
이 예식을 더욱 강구하지 않을 수가 없는데, 자성(慈聖)께서 친히 명
족(名族)을 가리시고 부작(婦爵)을 특별히 후궁(後宮)에서 으뜸이 되게
하셨다. 너 박씨(朴氏)는 시례(詩禮)를 익힌 집안사람으로서 성품이 정
순(貞順)하고 덕언(德言)과 용색(容色)이 이미 갖추어져 자손에게 복록
을 주기에 알맞다. 이에 신하 예조 판서 이명식(李命植)을 보내 빈(嬪)

♣ 수빈 박씨의 처소인 창경궁 집복헌(좌측)과 그녀의 남편 정조가 평소 독서를 즐겼던 영춘헌(우측)이다. 수빈
박씨는 아들 순조를 집복헌에서 낳았고, 정조는 영춘헌에서 승하했다. 원래는 각각 분리되어 있던 건물인데 1834
년 복원하면서 붙여졌다.

을 삼는다. 아! 너는 소심근신(小心勤身)하여 위를 받들고 아래 대하기
를 겸손으로써 귀하게 처신하고 검소로써 복을 가꾸어 관어(貫魚)처럼
순서 있게 곤화(坤化)로 협찬(協贊)하고, 자손을 많이 두어 천휴(天休)를
맞이하라." 하였다.

《정조실록》 23권, 정조 11년 2월 11일 기유 1번 째 기사 1787년 청 건륭(乾隆) 52년

칠궁에서 유일한 간택 후궁 수빈 박씨

수빈 박씨는 왕을 낳아 칠궁에 신주가 모셔진 후궁들 중 유일하게
정식으로 간택을 통해 후궁으로 책봉된 왕의 여인이다. 나머지 6명은
모두 궁녀 출신으로 왕의 승은을 입으면서 후궁 자리에 오른 여인들이
다. 궁녀 출신이 실제로 왕비의 자리에 오른 경우는 희빈 장씨뿐이지만
궁녀 출신이 후궁이 된 사례는 많았다. 그 궁녀 출신의 후궁들이 낳은
아들이 왕위에 오른 경우도 많다. 왕을 낳지 못한 왕비들이 오히려 그
들을 부러워했을 것이다.

수빈 박씨는 정식으로 후궁에 간택되어 정조와 가례를 올린 후
1790년(정조 14년) 정조의 2남인 순조를 낳았다. 그리고 그 다음에 숙
선옹주를 낳았다. 왕자를 낳은 후에도 그녀는 자녀를 낳지 못한 효의왕
후 김씨를 위로하며 공경했다. 간택을 거치지 않고 궁녀 중에 후궁이
된 여인들과는 마음가짐부터 달랐다.

원래 정조에게 첫 아들을 안겨준 여인은 후궁 의빈 성씨였다. 그러나 의빈 성씨가 낳은 문효세자(1782~1786)가 홍역에 걸려 5세의 나이로 세상을 떠나고 말았다. 의빈 성씨 역시 같은 해에 세상을 떠났다.

의빈 성씨는 1782년(정조 6년)에 아들 문효세자를 출산하여 내명부 정3품 벼슬인 소용으로 봉해졌으며, 이듬해인 1784년(정조 8년) 그녀가 낳은 아들이 3세의 나이로 세자에 책봉되었다. 그녀도 내명부 벼슬이 정3품에서 정1품 빈으로 진봉되어 '의빈'이 되었다.

그러면 무엇하랴. 복이 너무 많은 탓이었을까? 1784년(정조 8년)에 딸을 낳았지만 첫돌을 넘기기도 전에 조기 사망하였고, 뒤이어 정조의 첫아들 문효세자도 1786년(정조 10년) 5세의 어린 나이로 사망하였다.

의빈 성씨는 그 당시 세 번째 아이를 임신하고 있었다. 그런데 엄청난 슬픔을 연거푸 겪은 그녀는 문효세자의 장례를 지낸지 약 2개월 후 출산을 앞두고 그만 사망하였다.

그리고 4년 뒤 수빈 박씨가 정조에게 원자(元子)를 선물해 주었으니 정조가 얼마나 기뻤을지는 물어보나 마나다.

수빈 박씨는 마음씨마저 고와 정조가 승하하고 그녀의 아들인 순조가 왕위에 오르고 나서도 당시 영조의 계비로 시조모이자 대왕대비인 정순왕후 김씨와 시어머니인 혜경궁 홍씨, 그리고 정조의 비로 왕대비가 된 효의왕후 김씨를 극진하게 봉양하여 칭송이 끊이지 않았다. 제23대 왕 순조의 탄생신화가 기록된 실록의 한 부분을 소개한다.

신시(申時)에 창경궁(昌慶宮) 집복헌(集福軒)에서 원자(元子)가 태어났으니, 수빈 박씨(綏嬪朴氏)가 낳았다. 이날 새벽에 금림(禁林)에는 붉은 광채가 있어 땅에 내리비쳤고 해가 한낮이 되자 무지개가 태묘(太廟)의 우물 속에서 일어나 오색광채를 이루었다. 백성들은 앞을 다투어 구경하면서 이는 특이한 상서라 하였고 모두들 뛰면서 기뻐하였다.

《정조실록》 30권, 정조 14년 6월 18일 정묘 1번 째 기사 1790년 청 건륭(乾隆) 55년

왕이 된 아들을 22년이나 지켜보다

조선 제22대 왕 정조의 아들로 태어난 순조는 11세에 아버지인 정조를 잃고 증조할머니인 정순왕후 김씨의 수렴청정을 4년간 받았다. 순조가 왕이 되면서 영조의 계비 정순왕후 김씨는 왕대비에서 대왕대비로, 정조의 왕비 효의왕후 김씨는 왕비에서 왕대비로 지위가 한 단계씩 올라갔다. 그리고 내전에 혜경궁과 가순궁 등 4명의 왕실 어른들이 자리하게 되었다.

대왕대비에 오른 정순왕후 김씨는 누구보다 순조를 낳은 수빈 박씨를 챙겼다. 법적 지위는 대비가 아니었지만 그녀를 실질적인 대비로 대우해주었다. 대우를 받는 후궁 수빈 박씨를 보면서 정조의 원비 효의왕후 김씨의 심기는 편치 않았을 것이다. 대왕대비 정순왕후 김씨는 심지어 후궁인 수빈 박씨가 낳은 숙선옹주를 일개 후궁들이 낳은 옹주와는

다른 특별한 봉작을 주어야 한다고 하여 대신들의 반대에 직면하기도 했다. 하지만 수빈 박씨가 낳은 옹주는 "귀주(貴主)의 작호(爵號)를 숙선옹주(淑善翁主)로 정할 것을 명하였다."고 《순조실록》에 나와 있듯이 순조는 다른 후궁들이 낳은 딸들과 마찬가지로 작호를 옹주로 부르게 하였다. 이처럼 왕을 낳았기에 수빈 박씨가 왕비 이상의 대접을 받았다.

대왕대비였던 정순왕후 김씨와 왕대비였던 효의왕후 김씨는 둘 다 왕을 낳지 못했다. 그래서 왕을 낳은 수빈 박씨를 깍듯이 대우해 주었는지도 모른다. 물론 다른 후궁들과 달리 그녀는 명문 집안에서 간택된 후궁이어서 그런지 웃전을 대하는 태도가 예의가 바르고 겸손했다.

수빈 박씨가 순조를 낳기 전 정조에게는 살아 있는 자녀가 한 명도 없었다. 그런데 그녀가 정조에게 아들과 딸을 각각 한 명씩 낳아 안겨 주었다. 정조에게 오로지 자녀는 수빈 박씨가 낳아 준 순조와 숙선옹주

✦ 왼쪽이 통명전이고 오른쪽이 양화당이다. 제16대 왕 인조는 병자호란이 끝난 뒤 양화당에서 잠시 머물렀다.

뿌이었다. 그러니 정조에게는 물론 왕실에서 사랑을 받는 위치에 있을 수밖에 없었다. 이래저래 복이 많은 수빈 박씨였다.

더 복이 많았던 것은 수빈 박씨가 후궁 중에서 유일하게 살아서 아들 순조가 왕위에 오르는 것을 지켜보았다는 것이다. 아들의 즉위식에 너무 기뻐 눈물을 주룩주룩 흘렸을 그녀다.

수빈 박씨는 지아비인 정조보다 22년을 더 살다가 1822년(순조 22년) 창덕궁 보경당에서 53세에 세상을 떠났다. 순조의 유일한 아들로 그녀의 유일한 손자 효명세자(1809~1830)가 태어나 1812년(순조 12년) 4세의 어린 나이에 세자로 책봉되는 것까지 보았으니 무엇을 더 바랐겠는가.

수빈 박씨가 낳은 제23대 왕 순조

순조는 정조와 수빈 박씨 사이에서 1남 1녀 중 외아들로 태어나 조선의 제23대 왕이 되었다. 순조에게는 원래 의빈 성씨 사이에 정조의 장남으로 태어난 이복형 문효세자가 있었다. 그런데 그 문효세자가 5세 때 요절하고 그 후 4년 뒤 순조가 태어났으니 8세가 어렸다.

순조는 정조의 유일한 아들로 왕위에 올랐지만 그의 비 순원왕후 김씨와 후궁과의 사이에 태어난 2남 4녀 중 아무도 왕을 만들지 못하였다. 세자로 책봉되어 있던 그의 장남 효명세자가 왕위에 오르지 못하고 죽었기 때문이다. 그러나 효명세자의 아들이 다행히 그를 이어 8세의 어린 나이에 조선의 제24대 왕이 되었다. 순조는 아들을 왕위에 올리진 못했지만 손자인 헌종 덕분에 그의 아들 효명세자가 문조(익종)로 추존되어 추존왕의 아버지가 되었다.

어찌 되었거나 의빈 성씨의 소생 문효세자가 일찍 죽는 바람에 순조가 세자로 책봉되어 왕위를 이어받게 되었다. 순조는 수빈 박씨가 낳았지만 정조의 원비인 효의왕후 김씨의 아들로 입적되어 원자로 책봉되었다가 왕위를 이을 세자로 책봉되었다.

순조는 1800년(정조 24년) 음력 정월 초하루에 왕세자로 책봉되었고, 그해 음력 6월, 정조가 갑자기 승하하자 다음달인 7월에 왕위에 올랐다. 그때 순조의 나이 11세였다. 순조는 정조가 39세의 늦은 나이에 얻은 아들이다.

순조가 어린나이에 즉위하자 영조의 계비인 대왕대비 정순왕후 김씨가 1800년(순조 즉위년)부터 1804년(순조 4년)까지 4년간 수렴청정을 하게 되었다. 순조가 11세의 나이로 왕위에 올라 15세까지 증조모 정순왕후 김씨에게 수렴청정을 받은 것이다. 정순왕후 김씨가 순조가 성인이 되는 20세가 되려면 5년이나 남았는데 수렴청정을 그만둔 게 의아한 일이다.

그동안 정순왕후 김씨가 영조의 계비가 되면서 그녀의 친정가문인 경주 김씨들의 손에 정치권력이 약 50년 가깝게 쥐어져 있었다. 그런데 순조가 등극하면서 그 힘을 잃어가게 되었다. 경주 김씨의 배턴을 순조대에 들어서면서 안동 김씨가 빼앗아 잡았기 때문이다. 배턴을 잡은 안동 김씨는 순조·헌종·철종 대에 걸쳐 세도정치가 어떤 것인지를 확실하게 보여주었다. 안동 김씨에게 세도정치의 자리를 마련해준 사람은 바로 순조의 비 순원왕후 김씨였다. 안동 김씨 가문출신인 그녀가 왕비에 오르면서 안동 김씨 가문에 세도정치의 문이 활짝 열렸다.

천주교 탄압에 앞장선 정순왕후 김씨

대왕대비에 올라 있던 영조의 계비 정순왕후 김씨는 추존왕 장조(사도세자) 사건을 악화시킨 김귀주의 누이동생으로 벽파를 옹호한 인물이다. 정조가 집권하면서 잠시 세력을 잃고 있다가 순조가 왕위에 오르자 수렴청정을 하면서 정조대부터 집권해 오던 시파에게 정치적 보복을 가하기 시작했다. 사교(邪敎)를 금한다는 명분으로 200여 명의 천주교 신자들을 학살하여 시파를 모두 숙청한 것이다. 이 사건이 1801년(순조원년) 일어난 신유박해이다.

신유박해로 목숨을 잃은 사람은 중국인 주문모 신부, 이승훈, 정약종, 종친 은언군 등이었다. 그리고 정약전·정약용 형제는 전라도의 흑산도와 강진 등으로 각각 귀양을 갔다. 정약용은 정조의 사랑을 극진히 받았지만 순조가 왕위에 오른 다음해인 1801년 2월 수렴청정을 맡은

⚜ 다산 정약용이 독서와 저술활동을 했던 전남의 강진에 있는 다산초당(좌). 다산이 흑산도에서 유배생활을 하고 있던 자신의 멘토이기도 했던 형 정약전이 그리울 때면 자주 오랐던 언덕에 세워져 있는 천일각. 정약용은 천일각에서 보이는 강진만이 자신의 고향 양수리(두물머리)의 남한강과 비슷하여 천일각에 자주 올랐다고 한다.

정순왕후 김씨에 의해 포항에 장기로 유배를 떠났다가 같은 해 11월 해남 강진으로 유배지를 옮겨 그곳에서 18년을 살았다. 유배생활 중 정약용은 강진에서 500권이 넘는 책을 저술하였다.

순조의 친정 뒤에도 천주교 탄압은 계속되어 1815년(순조 15년)에는 경상·충청·강원도의 천주교 신자들을 처벌했으며, 1872년(순조 27년)에는 충청·전라도의 교인들에게 극심한 탄압을 가하였다.

정순왕후 김씨가 천주교를 탄압하는 데에는 다음과 같은 두 가지 이유가 있었다. 그 첫째가 왕조체제를 유지하기 위함이었는데, 군신 간 상하관계를 중요시하는 조선의 지배윤리인 유교 윤리를 근본적으로 부정하는 천주교의 위험성을 미연에 막는다는 것이다.

둘째는 천주교를 공부하거나 믿는 사람 중에는 벽파의 반대파인 시파와 남인들이 많았기 때문이다. 정순왕후 김씨는 순조가 즉위하자마자 천주교 금지령을 내리고 천주교도를 잡아들이기 위해 오가작통법(五家作統法)을 썼다.

오가작통법은 본래 다섯 가구를 한 통으로 묶어 서로 강도, 절도 같은 범법 행위가 일어나는지를 감시하고 규제하는 치안유지법이었다. 그 방법을 천주교도 색출에 동원하여 다섯 집끼리 서로 천주교도가 있는지 감시하고 고발하게 하였다. 그중 한 집에서라도 천주교 신자가 나오면 다섯 집이 모두 화를 입게 되는 악명 높은 오가작통법을 써서 전국을 피바다로 만들었다.

이렇게 하여 죽은 사람이 전국적으로 수만 명이 넘었다는데 이중 천주교 신자가 아닌 사람도 애매하게 연루되어 죽은 사람도 많았다.

경주 김씨가 지고 안동 김씨의 막이 오르다

순조는 아버지 정조의 뜻대로 왕위에 오르고 삼년상을 치른 뒤 김조순의 딸을 왕비로 맞았다. 김조순의 딸은 정조가 살아생전 초간택, 재간택을 거쳐 정했으나 중간에 정조가 죽는 바람에 삼간택이 연기되었다. 이때 정순왕후 김씨 등의 방해가 있었지만 결국 1802년(순조 2년) 김조순의 딸이 왕비로 책봉되었다. 그때 순조의 나이 13세였다.

3년 뒤인 1805년(순조 5년) 마침내 대왕대비 정순왕후 김씨가 세상을 떠났다. 그러자 정권은 경주 김씨의 손에서 안동 김씨의 손으로 자연스럽게 넘어갔다. 그 후 왕비의 아버지가 된 김조순을 비롯하여 안동 김씨 가문이 조정의 요직을 모두 차지하는 전례 없는 친족일색의 인사조치가 취해졌다.

한편 순조의 생모 수빈 박씨의 친정가문인 반남 박씨들도 세도의 한 귀퉁이를 파고들어 경주 김씨, 안동 김씨, 반남 박씨 등 씨족 중심의 정치가 엉켜 나갔다. 권문세가의 줄 없이는 누구든 벼슬자리 하나 얻어 보지 못할 지경이었다.

이렇게 되고 보니 서로 뒷줄을 얻고자 김씨나 박씨의 문전으로 사람들이 모여들었다. 벼슬자리를 얻고자 많은 뇌물을 바친 사람들은 본전 생각에 재임기간 동안 최대한 백성들을 갈취하기 마련인데 그게 큰 문제였다. 부정부패가 성행하면 항상 죽어나는 것은 백성들뿐이었다. 정치인들의 모습은 그때나 지금이나 별로 달라진 게 없어 보인다.

아니나 다를까? 순조의 재위기간 34년 중 19년에 걸쳐 수재가 일어나고, 서부지방에는 전염병이 크게 번져 10만여 명이 목숨을 잃는 등 천재지변까지 겹쳐 백성들의 고생은 이루 말할 수가 없었다. 관료들의 정신상태가 제대로 되어먹지 못했으니 자연도 도움을 주지 않았다.

이래저래 힘없는 백성들만 죽어날 판이었다. 정치 기강이 무너져 민생은 도탄에 빠지고, 각종 비기(秘記)와 참설(讖說)이 유행하는 등 사회

✦ 제23대 왕 순조를 낳은 아버지 정조는 건릉에 자리하고 있다.

혼란이 일어났다.

홍경래의 난을 비롯하여 각종 민란이 발생한 시기도 이때였다. 1811년(순조 11년) 봉기한 홍경래 무리들은 평안도 일대를 점령한 뒤 관군과 대결하였으나 다행히 이듬해 진정이 되었다.

안동 김씨의 세도를 보다 못한 순조는 조만영의 딸을 세자빈으로 맞아 풍양 조씨 일문을 중용하고 1827년(순조 27년) 세자에게 대리청정을 하게 하였다. 그런데 순조의 뜻대로 안 되었다. 순조는 안동 김씨를 견제하려고 풍양 조씨의 가문에서 세자빈을 맞이했으나 불과 3년 뒤 효명세자가 요절하는 바람에 실패하고 만다.

사실 초기의 세도정치는 외척의 위협으로부터 왕권을 보호하기 위해 이루어졌던 정치형태이다. 세도정치는 정조대부터 시작되었다고 할 수 있다. 정조가 세손시절에 영조의 명을 받아 대리청정에 임하고 있을 때 홍국영이 정조를 반대 모해한 세력으로부터 보호하면서부터 시작되었다. 혜경궁 홍씨의 가문인 홍국영은 정조를 보호한 공을 인정받아

✦ 순조와 세도정치의 물꼬를 터준 순원왕후 김씨는 인릉의 한 능침에 합장되어 잠들어 있다. 인릉은 파주의 장릉 곁에 있다가 서울 내곡동 헌릉 곁으로 천장되었다. 이 자리는 세종과 소헌왕후 심씨가 합장되어 있던 옛 영릉 자리로 추정되고 있다.

막강한 권력을 누리게 되면서 세도정치는 시작되었다.

정조는 그 이후 강력한 왕권을 확립했지만 여전히 경주 김씨들의 세력을 무시할 수 없어 늘 불안하였다. 그리하여 정조는 어린세자를 보호해달라는 유언을 안동 김씨 김조순에게 남긴 것이다. 김조순이 경주 김씨의 벽파에 대응할 수 있는 시파의 인물이었기 때문이다. 세자를 보호하려면 왕실의 외척인 경주 김씨에 맞먹는 힘이 필요하였다. 김조순은 경주 김씨의 반대를 무릅쓰고 자신의 딸을 왕비의 자리에 앉혀 대왕대비인 정순왕후 김씨의 힘에 맞섰다. 솔직히 왕비는 집안에 힘이 있어야 책봉되었다. 왕비에게 집안은 큰 힘이 되었다. 무엇보다 당색이 중요하였다. 그러나 경주 김씨 세도보다 안동 김씨 세도가 더 막강해져가면서 정권을 쥐고 흔들어갔다.

왕권을 보호하기 위해 시작된 세도정치는 차츰 변질되어 가문의 이익이 국가와 백성의 이익에 앞서는 범실을 낳게 된 것이다. 왕족의 힘

✤ 아버지 정조를 닮아 순조도 효자 중의 효자였다. 인릉의 뒤태가 무척이나 아름답다. 순조가 잠든 인릉에 새싹이 파릇파릇 돋아난 봄날의 풍경과 낙엽이 수북이 내려앉은 가을날의 풍경이다.

보다 외척의 힘이 더 강했다. 왕도 어쩔 수가 없었다.

안동 김씨 가문의 세도정치가 문을 열면서 순조는 재위기간 34년 동안 이렇다 할 정치적 야심을 펼치지도 못하였다. 《양현전심록》, 《동문휘고》, 《사부수권》, 《대학유의》, 《서운관지》, 《정조어전홍재전서》 등의 서적을 간행하고, 일본에 통신사를 보내는 등의 치적만 기록되었을 정도였다.

그리고 1834년(순조 34년) 경희궁에서 45세를 일기로 세상을 떠났다. 순조는 1명의 왕비와 1명의 후궁을 두었고, 자녀는 2남 4녀를 얻었다.

순조는 아버지 정조가 갑작스럽게 세상을 떠나면서 초등학생 나이에 왕이 되어 정조대에 이루어졌던 문화정치와 강력한 군주의 위상을 후퇴시켰다. 순조는 장인인 안동 김씨 김조순을 중심으로 한 세도정치 아래에서 왕권을 제대로 행사하지 못하였다. 그 당시는 이씨의 정권이 아니라 김씨의 정권이었다고 해도 틀린 말이 아닐 정도였다. 순조는 김

✤ 순조와 순원왕후 김씨의 비석이 세워져 있는 인릉의 비각이다. 고종 때 순조가 황제로 추존되었기 때문에 두 개의 비석이 비각에 세워져 있다.

조순의 딸을 왕비로 들이면서 안동 김씨 가문에게 세도정치의 문을 활짝 열어준 왕이 되고 말았다.

그러나 순조대에는 공노비가 해방되었고, 서얼에 대한 사회적 차별이 없어지는 등 근대국가로의 발전이 계속되었다.

순조의 능호는 인릉(仁陵)이며 순원왕후 김씨와 합장릉으로 조성되어 있다. 인릉은 제3대 왕 태종과 원경왕후 민씨가 잠들어 있는 헌릉과 같은 능역 안에 위치해 있다. 헌릉 서쪽에 인릉이 자리하고 있다. 원래 순조의 인릉은 1835년(헌종 원년) 경기도 파주시 탄현면 갈현리 산 25-1번지에 자리한 제16대 왕 인조의 장릉 능역 안에 초장되었다. 그 후 풍수지리상 불길하다는 논의가 있어 1856년(철종 7년) 현재의 헌릉

✣ 휘경원은 왕을 낳아 행복을 누린 후궁 수빈 박씨가 잠들
어 있다. 황후가 아닌 현목수빈에서 현목수비가 되었지만 그
녀는 왕을 낳은 후궁들 중 자신이 낳은 아들이 왕위에 오르는
것을 유일하게 지켜본 여인이다. 그녀는 그 아들 곁에서 22년
이나 살다가 세상을 떠났으니 무슨 말이 더 필요하겠는가.

✤ 정조의 후궁으로 순조를 낳은 수빈 박씨가 잠들어 있는 휘경원을 장명등 앞(좌)에서, 곡장 뒤 잉(우)에서 바라본 모습이다.

곁으로 천장했으며 그 이듬해 안동 김씨들에게 세도정치의 물꼬를 터준 그의 비 순원왕후 김씨가 죽자 함께 합장되었다.

인릉은 세종과 소헌왕후 심씨의 영릉이 있었던 자리로 추정하고 있다. 인릉은 합장릉임에도 세종과 소헌왕후 심씨의 영릉과 달리 혼유석이 하나뿐이다. 그러나 순조는 고종 때 순조숙황제로 추존되어 비각에 비석이 하나 더 설치되어 있다.

인릉은 서울특별시 서초구 내곡동 산 13-1번지 헌·인릉 입구에 들어가자마자 마주보이는 양지바른 곳에 자리하고 있다.

조선에서 최고로 행복한 후궁 수빈 박씨

왕을 낳은 후궁들 모두가 왕의 여인이지만 그중 수빈 박씨가 가장 행복한 왕의 여인이 아니었을까 싶다. 왕을 낳은 후궁들 중 자신이 낳은 아들이 실제 왕위에 오르는 모습을 지켜본 후궁이 한 명도 없었으니 더 그러하다.

수빈 박씨는 자신의 아들이 실제 왕이 되어 살아가는 모습을 20년 이상이나 지켜본 어머니이다. 그녀는 아들 순조가 왕이 된 지 22년이 되었을 때 사망하였다. 그녀가 낳은 순조가 34년 4개월 동안이나 왕의 자리를 별 탈 없이 지켰던 것은 어머니의 사랑을 듬뿍 받고 성장하여 왕위에 올랐기 때문으로 보인다. 왕을 낳은 그녀도 복이 많고, 그녀를 왕의 어머니로 만들어준 순조도 복이 많은 왕이었다.

수빈 박씨는 아들이 없던 정조에게 귀한 아들을 낳아 후사를 잇게 해준 일등 후궁이었다. 그렇지만 아무리 공이 커도 후궁이기 때문에 정조 곁에는 잠들지 못했다. 그녀는 자신이 낳은 아들이 왕이 되어 왕의 어머니까지 될 줄은 몰랐을지도 모른다. 그러나 그녀는 결국 왕의 어머니까지 되었다. 그녀의 아들 순조는 그녀를 아버지 곁에 잠들게 하고 싶었을 것이다. 하지만 그녀는 왕 곁에 잠들지 못해도 왕의 어머니가 된 것으로 만족했을 것이다.

✿ 경우궁은 유일하게 간택 후궁인 수빈 박씨의 신주가 모셔져 있는 사당이다. 정조의 후궁 수빈 박씨는 순조를 낳아 칠궁에 들게 되었다. 그녀의 신주는 시할머니 영빈 이씨의 선희궁에 함께 자리하고 있다.

수빈 박씨의 원호는 휘경원(徽慶園)이다. 경기도 화성시 효행로 481번길 21에 효의왕후 김씨와 잠들어 있는 지아비 정조의 건릉과 너무 멀리 떨어진 경기도 남양주시 진접읍 부평리 267번지에 홀로 잠들어 있다.

휘경원은 사전에 허락을 받아낸 뒤 철문을 열어주어야 들어갈 수 있는 비공개 지역이다. 휘경원은 다른 원소에 비해 왠지 아늑해 보인다. 전나무 숲속에 자리한 휘경원의 곡장 뒤 잉에서 바라보는 전망 또한 일품이다. 비공개 지역이라 그런지 주변이 더 자연스럽고 아름답다. 새소리 또한 청량하다.

휘경원은 원래 양주 배봉산 아래에 조성되었다. 그런데 1855년(철종 6년) 그녀의 아들 순조의 인릉을 태종의 헌릉 서쪽 산줄기로 천장하려는 계획을 세우면서 휘경원도 천장하게 되었다. 원래 인릉은 파주의 장릉 옆에 있다가 1856년 천장되었다. 휘경원은 양주 배봉산 아래에서 1855년 진접읍 내각리에 있는 선조의 후궁 인빈 김씨의 순강원 오른쪽으로 옮겨졌다. 그 후 풍수지리상 좋지 않다고 하여 다시 1863년(철종 14년) 현재의 자리로 옮겼다. 그녀의 원소(園所)는 살았을 때 편안함과는 달리 죽어서는 이리저리 옮겨진 뒤 안식처를 찾았다.

수빈 박씨도 왕을 낳은 어머니이기에 왕의 어머니가 된 7명의 후궁들 신주가 모셔져 있는 칠궁에 자리하고 있다. 경우궁(景祐宮)은 순조의 어머니이며 정조의 후궁인 수빈 박씨의 신주를 모신 사당이다. 1824

년(순조 24년) 양덕방 계동에 사당을 세우고 경우궁이라 칭하였고, 이듬해 신주를 모셨다. 1884년(고종 21년) 갑신정변 때 고종이 이곳에 머물렀고, 1886년(고종 23년)에는 경우궁을 인왕동으로 옮겨지었다. 그 후 1908년(순종 2년) 육상궁 안으로 다시 옮겨 영조의 후궁이자 시할머니인 영빈 이씨의 선희궁과 한 건물에 있다.

수빈 박씨를 뺀 나머지 칠궁에 모셔져 있는 신주의 주인공들은 모두 죽은 뒤에 아들이 왕위에 올랐다. 후궁의 신분으로 살면서 자신이 낳은 아들이 왕위에 오르는 것을 보는 것만큼 행복한 일은 어디에도 없을 것이다. 그 행복을 수빈 박씨만이 누렸다.

수빈 박씨는 현목의 시호를 받아 현목수빈이라 했으며, 1897년(고종 34년) 대한제국이 개창된 후 지아비 정조가 황제로 추존됨에 따라 1901년(고종 38년) 그녀도 비로 높여져 현목수비가 되었다. 다음해인 1902년(고종 39년) 특진관 이주영 등이 수빈 박씨를 황후로 추존하기를 청했으나 고종이 이를 받아들이지 않았다.

경복궁의 경회루다. 1592년(선조 25년) 임진왜란이 발발하여 경복궁은 물론 한양(서울)의 궁궐이 모두
불타버렸다. 그 후 광해군에 의해 종묘를 비롯하여 창덕궁, 창경궁 등이 복원되었다. 그러나 경복궁은
1865년(고종 2년)에 가서야 섭정을 했던 흥선대원군에 의해 복원되었다. 선조의 후궁이었던 인빈 김씨
도 임진왜란 전까지는 경복궁에 살았던 선조와 함께 경회루에 올라 사랑을 속삭였을지도 모른다.

2부

추존
왕을 낳은

칠궁의
후궁들

인생의 만추를
맛본 후궁

경복궁 향원정의 만추 풍경이다. 선조의 제1후궁인 공빈 김씨는 망하고 제2후궁인 인빈
김씨는 흥하게 되었다. 공빈 김씨의 아들 광해군은 재위기간이 15년 1개월이었지만 폐왕
이 되었고, 인빈 김씨의 아들 정원군은 왕의 서자로 자신의 아들 능양군이 왕이 되면서
왕으로 추존되었다. 정원군의 어머니 인빈 김씨가 왕의 할머니가 되고, 추존왕의 어머니
가 되었기 때문이다. 그러고 보니 인빈 김씨는 인생의 만추를 맛본 여인이다.

손자가 왕이 되면서
왕을 낳은 어머니가 되다

인빈(仁嬪) 김씨(1555~1613)는 전생서주부(典牲署主簿)를 지낸 김한우와 이효성의 딸 이씨 사이에서 명종 10년에 태어났다. 그녀는 제14대왕 선조(1552~1608)의 두 번째 후궁이 되어 사랑을 듬뿍 받았다. 인빈 김씨의 외할아버지 이효성은 왕실의 일원으로 태종의 2남인 효령대군의 아들 보성군의 증손자다.

인빈 김씨는 손자 능양군(인조) 덕분에 아들(정원군)이 왕으로 추존되어 왕을 낳은 어머니가 되었다. 그녀의 본관은 수원이다.

인빈 김씨를 논할 때 함께 거론되는 이가 있으니 바로 공빈 김씨다. 둘은 다 선조의 후궁이었으나 여러 모로 라이벌 관계였다.

선조의 두 후궁 중 한 여인은 웃으면, 다른 한 여인은 우는 처지가 되었다. 라이벌이었던 광해군의 어머니 공빈 김씨가 웃을 때 인빈 김씨의 자식들이 울고, 인빈 김씨가 웃을 때 공빈 김씨는 불행한 여인이 되고 말았다.

인빈 김씨의 손자 능양군이 반정을 일으켜 숙부이자 공빈 김씨의 아들 광해군을 폐위시키고 왕위에 올랐다. 이로써 두 후궁의 처지가 뒤바뀌게 된 것이다. 결과적으로 추존왕 원종의 어머니 인빈 김씨는 웃고, 광해군의 어머니 공빈 김씨는 울어야 하는 입장이 되었다. 앞날은 아무도 모른다는 말을 그녀들이 증명하고 있다.

공빈 김씨가 죽자 왕의 사랑을 한몸에 받다

인빈 김씨는 어려서부터 궁중에서 자랐다. 명종의 후궁으로 그녀의 외사촌 언니인 숙의 이씨가 데려다 궁중에서 키웠던 것이다. 인빈 김씨는 명종의 원비 인순왕후 심씨의 눈에 들어 훗날 명종의 왕위를 이어받은 선조에게 후궁으로 추천하여 1573년(선조 6년) 내명부 종4품인 숙원에 책봉하였다. 그 이후 종1품 귀인을 거쳐 1604년(선조 37년) 정1품 빈으로 책봉되었다.

인빈 김씨는 광해군의 생모이자 선조의 후궁인 공빈 김씨와 동서지간으로 평소 사이가 좋지 않았다. 선조가 공빈 김씨만을 총애했기 때문이다. 그러나 공빈 김씨가 광해군을 낳고 산후병으로 죽자 그 총애가 모두 인빈 김씨에게 옮겨오게 되었다.

✤ 인빈 김씨의 남편 선조가 홀로 잠들어 있는 목릉 능침이다. 목릉에 선조와 원비 의인왕후 박씨, 계비 인목왕후 김씨가 각각 다른 언덕(동원이강릉)에 잠들어 있다.

　인빈 김씨는 이때를 틈타 그녀의 아우인 김공량과 이산해 부자와 결탁하여 광해군의 세자 책봉 문제를 건의한 정철 등을 유배시키는데 성공했다. 정철은 광해군에게 직언을 가리지 않고 했다. 그래도 그가 사사되지 않고 유배로만 그친 것은 권문세가 출신으로 그의 큰누나는 인종의 후궁이었고, 작은누나는 월산대군의 손자인 계림군의 부인이었기 때문이라고 전해진다.

　궁인 출신이었던 광해군의 어머니와 달리 인빈 김씨는 권문세가 출신이었다. 그런 그녀로 인하여 광해군에 대한 선조의 사랑도 점차 식게 되었다. 하지만 인빈 김씨는 광해군의 세자 시절에는 선조의 미움을 받았던 광해군을 변호하기도 했고, 어머니를 일찍 여읜 광해군도 그녀를 잘 따랐다. 광해군의 동복형인 임해군의 옥사가 있을 때에는 인빈 김씨의 소생들이 정사공신에 책록되기도 했다. 광해군은 그녀에게 "내가 서모의 은혜를 받아서 오늘이 있게 된 것이니 그 의리를 감히 잊지 못한다."라고 했을 정도였다.

인빈 김씨는 선조와의 사이에 4남 5녀를 낳았으며, 그중 3남인 정원군(추존왕 원종)의 맏아들 능양군이 반정을 일으켜 왕이 되면서 높은 대접을 받았다.

그러나 인빈 김씨는 손자가 왕위에 오를 줄은 예상 못하고, 1613년(광해군 5년) 59세를 일기로 사망했다. 추존왕 원종을 낳은 인빈 김씨가 세상을 뜬 그 해에, 2009년 유네스코가 지정한 세계기록문화유산으로 등재된 의학백과사전인 허준의 《동의보감》이 편찬되었다.

인빈 김씨는 공빈 김씨에 비해 두 배 이상을 살다가 떠난 선조가 사랑한 여인이었다. 오래 살았으니 왕을 낳은 어머니가 되게 만들어준 손자 인조하고도 정이 두터웠을 것이다. 그것도 인조가 장손이 아닌가.

인빈 김씨는 이미 세상을 떠난 뒤였지만 손자로 인하여 친정 가문에도 행운이 찾아왔다. 그녀의 손자가 왕위에 오른 후 아버지 김한우도 영의정에 추증되었다.

인빈 김씨가 낳은 인조의 아버지 추존왕 원종

인빈 김씨가 낳은 추존왕 원종은 조선의 제14대 왕 선조와의 사이에서 4남 5녀 중 3남으로 1580년(선조 13년) 태어나 추존왕이 되었다. 원종(정원군)의 아들이 조선의 제16대 왕 인조다. 그는 아들 인조 덕분에 왕으로 추존될 수 있었다. 그는 살아서 이복형 광해군으로 인하여

✤ 인빈 김씨의 손자 인조는 파주 장릉에 원비 인열왕후 한씨와 함께 잠들어 있다.

3남 능창군을 잃었고, 집터마저 빼앗기는 바람에 화병으로 세상을 떠났다. 그런데 그의 장남이 광해군을 내쫓고 왕위에 올라 죽어서야 왕을 낳은 아버지의 반열에 오르게 되었다.

선조의 후궁 소생으로 태어난 정원군은 세자의 물망에 올랐던 신성군의 동복동생이다. 1587년(선조 20년) 정원군에 봉해졌다. 그러나 정원군은 아들이 왕위에 오르는 것을 보지 못하고 40세의 나이로 세상을 떠났다. 나중에 그는 명나라로부터 공량(恭良)의 시호를 받았다. 그가 명나라로부터 시호를 받은 마지막 왕이기도 하다.

정원군이 세상을 떠난 지 4년 후 장남 능양군이 왕위에 올랐다. 그가 바로 반정세력의 추대를 받아 왕이 된 인조다. 그는 아들이 왕위에 오르자 정원대원군으로 추존되었으며, 그 후 9년이 지나 원종으로 추존되었다. 그의 아들 인조는 반정을 통해 선왕인 광해군을 폐위시키고 왕위에 올랐기 때문에 정통성을 확보하기 위해 아버지를 왕으로 세울 수밖에 없었다. 엄밀히 따지고 보면 그는 선조의 아버지와 같은 위치기 때문에 대원군이 되어야 맞다. 그런데 인조는 그의 아버지를 대원군에서 만족하지 못하고 왕으로 추존하였다.

원종비 인헌왕후 구씨, 아들이 왕위에 오르다

인빈 김씨의 아들 정원군은 구사맹의 딸과 1590년(선조 23년) 11세에 가례를 올렸다. 정원군의 부인 인헌왕후 구씨와의 사이에 태어난 장남이 능양군이다. 인헌왕후 구씨는 3남인 능창군을 잃은 아픔을 겪었지만 그런대로 복이 많은 여인이다. 자신이 낳은 아들이 정상적으로는 아니지만 어떠하든 왕이 되어 남편이 왕으로 추존되고, 자신도 왕비로 추존되었기 때문이다. 그뿐 아니라 그녀는 살아서 자신의 아들이 왕위에 오르는 것도 보았고, 왕이 된 아들 곁에서 4년간이나 대접받으면서 살다가 세상을 떠났다. 이보다 더 큰 복이 어디 있으며, 이보다 큰 행운이 어디 또 있겠는가.

인빈 김씨의 아들 정원군은 어릴 때부터 용모가 남다르고 태도가 신중하였으며, 부모에 대한 효도와 형제에 대한 우애가 남달랐다고 한다. 그는 임진왜란으로 피난길에 올라 험난한 시기를 겪었고, 1595년(선조 28년) 겨울에야 다시 서울로 돌아왔다. 정원군은 아버지 선조를 모시면서 어려움을 겪었으나 나이가 아직 어렸음에도 의연한 태도로 대처하여 모두가 그를 기특하게 여겼다고 한다. 정원군에 대한 다음과 같은 일화가 전해온다.

전란의 한가운데 선조는 의주로 피난을 떠나게 되었다. 이때 선조는 신하들에게 명하여 정원군을 영변으로 데려가 왜적을 피하게 하였다. 하지만 13세밖에 안 된 정원군이 영변에 이르러 울면서 말하기를 "이곳에 온 것은 내가 살기 위해 온 것이 아니고, 임금의 명령 때문이었습니다. 지금 왜적의 형세가 날로 성하고 임금의 행차는 날로 멀어지는데 만의 하나 일이 잘못된다면 임금과 신하가 죽음과 삶을 같이 하지 못할 것인데 이 몸이 간들 어디로 가겠습니까? 죽더라도 눈을 감지 못할 것입니다."라고 하였다는 것이다.

선조는 이 말을 전해 듣고 가상히 여겨 정원군을 다시 그의 곁으로 불러왔으며, 그 뒤로 정원군은 선조 곁을 떠나지 않고 전쟁이 끝날 때까지 선조를 옆에서 모셨다고 한다. 임진왜란이 종결되고 서울에 돌아온 1604년(선조 37년), 선조를 호종한 공으로 정원군은 호성공신에 봉해졌다. 자녀가 여럿이어도 왕으로 추존된 원종처럼 효성이 더한 자녀가 있게 마련이다.

정원군의 맏아들 능양군도 아버지를 닮았는지 우울한 선조의 마음을 여러 번이나 씻어주는가 하면 한바탕 웃게 만들곤 했다는 것이다. 손자인 능양군이 할아버지인 선조 앞에서 재롱을 곧잘 부렸던 것 같다. 왠지 왕실 가족에게서 따뜻한 인간미가 배어나오는 것 같아 온기마저 느껴진다.

사실 정원군은 이복형인 광해군에게 왕위가 넘어가는 것을 원치 않았던 모양이다. 둘은 원래 사이가 좋지 않았던 것 같다. 광해군 입장에서 보면 이런 정원군이 눈에 거슬릴 수밖에 없었을 것이다.

선조가 광해군에게 섭정을 명할 때 정원군이 적극적으로 반대한 기록이 《선조실록》에 고스란히 남아있다. 〈정원군 이부 등이 세자 섭정의 부당함에 대해 아뢰다〉란 제목으로 난 기사다.

정원군(定遠君) 이부(李琈) 등이 아뢰기를, "선파(璿派)의 몸으로서 은덕을 갚을 길이 없었는데, 이번에 비망기로 내리신 분부는 뜻밖에 나온 것으로서 그 말씀을 듣고는 정신이 나가버렸습니다. 일이란 할 수 있는 것을 하면 천리(天理)에도 순조롭고 인심도 기뻐하게 되지만, 할 수 없는 일을 하면 천리에도 거슬리고 인심도 거역하게 되는 것입니다. 서쪽으로 행행(幸行)하실 그 당시에 동궁으로 하여금 군정과 국사를 살피고 인심을 수습하여 국토를 수복하게 하셨으니 이는 임시변통하여 중도에 맞은 뜻이었습니다마는, 이 시기에 있어서는 마땅히 동궁을 접견하여 항시 좌우에서 모시도록 하여 군무(軍務)의 경중과 시정(時政)의 잘잘못을 들어, 들려주고 보여주어 몸에 배도록 익혀 습관이 천성화되어 날마다 고명(高明)해지게 한 뒤에 성상께서 늙으시어 정사에 싫증이 나실 때에 섭정하게 하시더라도 늦지 않습니다.

그런데 지금은 그렇지 않아, 전하께서 영명하고 신성하시며 춘추(春秋)

가 한창이시니, 어찌 인사(人事)를 사절하고 문 닫고 들어앉아 병을 요양하실 때입니까. 온 나라 신민(臣民)들이 겨우 살아나 옛 땅으로 돌아와 성상의 은덕을 떠받들어 이마에 손을 얹고 거의 회복이 실현되기를 고대하고 있으니, 더욱 천리를 거역하고 인심을 거스를 때가 아닙니다. 삼가 바라건대 전하께서는 하찮은 성의를 굽어 살피시어 빨리 섭정의 명을 거두소서." 하였으나 상이 답하지 않았다.

《선조실록》 79권, 선조 29년 윤8월 1일 을축 6번째기사 1596년 명 만력(萬曆) 24년

정원군, 광해군의 핍박 받다 세상 뜨다

정원군은 이복형 조선 제15대 왕 광해군이 1608년(선조 41년) 선조의 뒤를 이어 왕위에 오르고 나서부터 우울한 세월을 보내야만 했다. 정치적으로 정쟁이 치열하던 시기에 신성군의 친동생으로 광해군의 박해를 수시로 받으며 지내야만 했기 때문이다.

광해군은 1609년(광해군 1년) 자신의 친형인 임해군을 유배 보내 죽이고, 1614년(광해군 6년)에는 선조의 유일한 적통으로 태어난 영창대군을 서인으로 폐하여 강화에 유배 보내 이듬해 잔인하게 죽였다.

그리고 광해군은 정원군의 생모인 인빈 김씨 무덤과 능양군이 살고 있는 집터에 왕기가 서렸다는 소문에 민감한 반응을 보이기 시작했다. 결국 왕기가 서렸다는 그 집터를 빼앗아 경덕궁(경희궁)을 지었다. 그리

고 능창군을 강화도의 교동도로 유배 보내 죽음으로 몰아갔다. 능창군은 위리안치 중 어느 날 사람들이 몰려와 문과 창을 모두 닫고 섶을 쌓아 그가 있던 방 아궁이에 불을 질렀다. 선조의 유일한 적자였던 영창대군처럼 방에 가두어놓고 태워죽일 작정이었다. 능창군은 죽음을 면할 수 없음을 알고, 부모에게 보내는 편지를 한 장 써서 같이 거주하고 있던 고봉생에게 보낸 뒤 목매어 자살하였다.

그 뒤 정원군은 실의에 빠져 그만 병석에 눕고 말았다. 그는 17세밖에 안 된 막내아들을 비참하게 잃은 것에 대한 슬픔이 가시지 않아 끝내 병석에서 일어나지 못하고, 1619년(광해군 11년) 40세의 나이로 세상을 떠났다. 그는 왕족으로 태어난 것에 대한 아픔을 톡톡히 겪었다. 그러나 그의 장남 덕에 죽어서나마 왕으로 추존되어 영원히 대접을 받게 되었다. 그의 집터가 왕기가 서려 있긴 했나보다.

광해군이 유독 인빈 김씨의 아들들에게 신경을 썼던 것은 2남인 자신을 낳고 일찍 세상을 뜬 어머니 공빈 김씨에 비해 인빈 김씨는 집안 배경도 좋고, 선조의 자녀를 무려 4남 5녀나 낳았다. 거기에다 광해군이 왕위에 올랐을 때도 인빈 김씨가 생존해 있었으니 그 힘을 무시할

✿ 광해군이 원종으로 추존된 정원군의 집터에 왕기가 서렸다며 그 집터를 빼앗아 지은 경희궁(경덕궁)의 정전이 숭정전이다. 현재 복원된 숭정전(좌)과 1926년 남산에 있었던 조계사로 옮겨졌다가 1976년 다시 동국대학교로 옮겨져 정각원의 현판을 달고 법당으로 쓰이고 있는 옛 숭정전(우)이다.

수 없었기 때문이다.

추존왕 원종은 1623년(광해군 15년, 인조 즉위년) 그의 장남 능양군이 삼촌 광해군을 내쫓고 왕위에 오른 후 처음에는 대원군에 추존되어 정원대원군으로 불렸다. 그러나 인조는 왕통을 세우기 위해 그를 왕으로 추존하였다. 이 때문에 조선 조정은 새로운 논쟁을 불러왔다. 결국 정원대원군은 원종으로 추존되었다. 힘 있는 왕을 아들로 둔 덕분이다. 신하들이 끝내 인조를 이겨낼 재간이 없었던 모양이다.

하지만 정원군은 자신의 장남 능양군이 왕이 될 줄 모르고 죽었다. 그가 죽은 뒤 그를 양주군 곡촌리에 장사지냈다. 그리고 3년 후 대원군에 봉해졌고, 그의 묘가 원으로 추숭되어 흥경원이라 하였다.

정원군과는 달리 그의 부인 인헌왕후 구씨는 아들이 왕위에 있을 때 사망하였다. 1626년(인조 4년) 인헌왕후 구씨가 경덕궁(경희궁) 회상전에서 세상을 떠나자, 그해 김포 성산 언덕에 안장하고 원호를 육경원이라 하였다. 그로부터 1년 후 남편을 인헌왕후 구씨가 묻혀 있는 성산으로 천장하여 나란히 무덤이 조성되면서 남편의 원호를 따라 흥경원이라 합칭하게 되었다. 그 뒤 그가 추존왕이 되면서 왕릉이 되었다.

대원군에서 왕으로 추존되어 왕릉에 잠들다

어찌되었거나 추존왕 원종은 처음에는 대원군으로 추존되었지만

✤ 인빈 김씨의 아들 추존왕 원종은 김포 장릉에 인헌왕후 구씨와 나란히 잠들어 있다. 김포 장릉의 정자각과 비각. 장릉의 비각 앞에는 육경원의 비석 받침돌이 자리하고 있다. 비석은 어디로 사라졌는지 알 수 없다.

1632년(인조 10년) 이귀 등의 주청에 따라 왕으로 추존되어 왕릉에 잠들게 되었다. 그의 능호는 장릉(章陵)이며 그의 부인 인헌왕후 구씨와 쌍릉으로 조성되어 있다. 경기도 김포시 장릉로 79에 위치한 왕릉에 나란히 잠들어 있다.

추존왕 원종의 장릉은 석물 또한 왕릉제로 개수하였다. 그의 봉분은 병풍석과 난간석 없이 호석만을 두르고 있지만 석물은 왕릉만큼 모두 갖추고 있다. 그의 무덤을 조성할 당시는 대원군의 묘제를 따랐기 때문에 병풍석이나 난간석을 두르지 않은 것이다.

그가 잠들어 있는 장릉의 문석인은 머리에 복두를 착용하고 공복을 입은 채 석마와 나란히 서 있다. 무석인은 장군의 형상으로 투구와 갑옷을 입고 있다. 문무석인 모두 무표정한 얼굴이지만 위엄이 서려 있다. 홍살문에서 정자각까지 이르는 참도가 다른 왕릉과는 달리 계단식 형태이다. 비각 안의 비석에는 '조선국 원종씨장릉 인헌왕후좌(朝鮮國元宗大王章陵 仁獻王后左)'라고 쓰여 있으며, 비석은 1753년(영조 29년) 세워졌다.

비각 옆에는 그의 부인 인헌왕후 구씨의 육경원 비석 받침돌이 있다. 원래 이곳은 그의 부인이 잠들어 있던 육경원의 자리이다. 그런데 그가 대원군이 된 후 이곳으로 천장해오면서 홍경원으로 바뀌었다. 그러다가 다시 추존왕이 되면서 왕릉이 되었다.

육경원의 비석은 어디로 가고 받침돌만 남아 옛이야기를 들려주고 있다. 그 받침돌이 비록 비각 안에서 쫓겨났지만 한 자리 차지하고 있다. 근처에는 장릉의 원찰인 금정사가 자리하고 있다.

왕으로 추존된 원종은 광해군 때문에 화병으로 죽어갔지만 그런 광해군 덕에 아들이 왕위에 올라 추존왕이 될 수 있었으니 은혜를 받은 것인지, 원수를 갚은 것인지는 잘 모르겠다. 그가 그토록 미워했던 광해군은 왕위에 15년이 넘게 올라앉아 있었지만 왕릉이 아닌 초라하게 조성된 묘에 잠들어 있고, 신주도 종묘에 봉안되지 못하였다.

그러나 왕위에 올라앉아보지도 못했던 추존왕 원종은 함께 추존된 인헌왕후 구씨와 함께 종묘에 신주가 봉안되어 있다. 추존왕 원종이 대원군으로 있었다면 종묘에 신주가 봉안되지 못했을 것이다. 그런데 그의 아들 인조에게 아부를 제대로 한 신하가 있어 인조가 바라던 대로 왕으로 추존되어 종묘에 봉안되었다. 종묘에 봉안되어 있는 조선의 34왕에 당당히 이름을 올리고 있다. 그리고 그의 왕릉도 유네스코가 제정한 세계문화유산에 등재되었다.

✤ 순강원에는 인빈 김씨가 잠들어 있다. 선조의 제1후궁 공빈 김씨의 아들 광해군이 폐왕이 되고, 선조의 제2후궁 인빈 김씨의 손자 능양군이 왕이 되면서 아들 정원군이 왕으로 추존되었다. 그 덕분에 그녀는 묘가 아닌 원에 잠들게 되었다. 선조의 후궁 중 공빈 김씨는 망하고, 인빈 김씨는 흥하게 되었다. 망하는 사람이 있으면 분명 흥하는 사람이 있음을 순강원이 증명해주고 있다.

　　추존왕 원종은 실제 왕이 되지도 못했고 왕이 될 서열도 아니었다. 하지만 그의 아들이 왕이 되어 죽어서 왕으로 추존되었다. 그 결과 자신을 낳아준 인빈 김씨에게도 효도하게 되었다. 왕을 낳은 어머니며, 할머니로 만들어주었으니 하는 말이다.

　　그를 생각지도 않게 왕으로 추존해준 아들 제16대 왕 인조는 원비 인열왕후 한씨와 경기도 양주시 장흥면 호국로 255-41 장릉에 합장되어 잠들어 있다.

인빈 김씨, 전망 좋은 숲속 순강원에 잠들다

　　인빈 김씨의 원호는 순강원(順康園)이다. 1755년(영조 31년) 영조가 그녀의 원호를 내렸다. 그녀가 입궁하는데 결정적인 역할을 한 외사촌 언니 숙의 이씨도 그녀 덕분에 경빈에 추증되었다.

⚜ 선조의 제2후궁 인빈 김씨의 순강원 재실 앞 표석. 인빈 김씨와 2남 신성군의 원찰이었던 봉영사의 안내 표지판(좌). 인빈 김씨의 사당이 있었던 옛 저경궁 자리(현재 한국은행→화폐금융박물관)에 서 있는 표석과 안내 표지판. 이곳은 인조가 왕이 되기 전 살던 곳으로 송현궁이라 부르다가 저경궁으로 바뀌었고, 육상궁으로 옮겨졌음을 표지판이 자세히 알려주고 있다.

인빈 김씨가 잠들어 있는 순강원은 다른 원들에 비하여 잘 조성되어 있다. 홍살문에, 참도에, 정자각에, 비각에, 사초지도 왕릉만큼 넓게 조성되어 있다. 거기에 재실까지 갖추어져 있다. 후궁들 묘역 중 재실이 남아있는 곳은 이곳뿐이다. 잉에서 바라보는 전망 또한 그만이다.

순강원에는 다른 왕릉이나 원에서 볼 수 없었던 동자석이 혼유석 양옆에 세워져 있는 게 특이하다. 선조대에는 동자석을 세우는 게 유행이었나 보다. 그녀의 원소뿐아니라 영창대군 묘, 의창군 묘, 신성군 묘 등에 동자승이 세워져 있는 것을 보니 그렇다.

조선 전기에는 평원대군(세종의 7남)과 제안대군(예종의 2남) 묘에 동자석이 자리하고 있다. 장명등 뒤로 한 쌍의 동자석이 두 손을 모은 채 서로 마주보고 서 있다. 다른 석물에 비하여 동자석은 낯설도록 작다.

인빈 김씨의 봉분 바로 앞에는 '유명조선국인빈김씨지묘(有明朝鮮國仁嬪金氏之墓)'라고 쓴 비석이 있고, 그 앞에 혼유석과 향로석이 있다. 그리고 곡장 안에 석양과 석호가 오른쪽과 왼쪽에 각각 한 마리씩 바라보고 서 있으며, 망주석과 문석인이 석마를 대동하고 양쪽에 서 있다.

순강원 역시 관람객이 찾지 않아서인지 비공개 지역으로 허락을 받아야만 출입이 가능하다. 사초지가 군데군데 파혜쳐진 곳이 있는 것을 보니 산짐승들의 발자국인 듯했다.

인빈 김씨는 그녀를 사랑한 지아비 선조가 원비 의인왕후 박씨, 계비 인목왕후 김씨가 함께 잠들어 있는 경기도 구리시 동구릉로 197번지 목릉과는 떨어져 경기도 남양주시 진접읍 내각리 150번지 자연이 살아있는 전망 좋은 순강원에 4남인 의창군을 곁에 두고 잠들어 있다.

그녀의 원소 아래쪽에는 그녀의 4남인 의창군의 묘가 있다. 의창군은 행운아다. 어머니가 낳은 4남 5녀 중 혼자만 어머니 곁에 잠들어 있으니 하는 말이다. 의창군의 묘에도 동자석이 혼유석 양 옆에 귀여운 모습으로 손을 모으고 있다. 그 근처에 인빈 김씨의 2남이자 선조의 4남이 되는 신성군의 묘도 자리하고 있다.

인빈 김씨의 둘째 아들로 태어난 신성군은 한성부판윤을 지낸 신립(申砬)의 딸 평산 신씨와 결혼해 딸 하나를 낳았으며, 그 딸은 회양부사 안창의 며느리가 되었다.

✦ 인빈 김씨가 잠들어 있는 순강원의 원소 앞과 곡장 뒤에서 바라본 모습이다.

신성군 이후는 인빈 김씨가 한창 선조의 총애를 받을 당시에 태어나 선조의 사랑을 많이 받았다. 그래서 동인의 영수였던 이산해는 인빈 김씨의 오빠인 김공량과 함께 공빈 김씨의 소생인 임해군 이진과 광해군 이혼을 제치고 신성군을 세자로 추대하려는 움직임을 보이기도 했다.

이들은 1591년(선조 24년) 좌의정 정철이 선조에게 광해군을 세자로 책봉할 것을 건의하자 신성군을 해치려 한다고 인빈 김씨를 통해 선조에게 고하게 했다. 선조는 정철과 윤두수 등 서인을 파직하고 유배하였으며, 세자 책봉을 미루어 신성군을 총애하고 있음을 드러냈다.

하지만 1592년 임진왜란이 일어나 도성을 비우고 피난을 가는 처지가 되자 선조도 어쩔 수 없이 광해군을 세자로 책봉하였다. 그리고 신성군은 동생 정원군(추존왕 원종)과 함께 먼저 평안도로 보냈으며, 기성부원군 유홍과 이조참판 이항복으로 하여금 이들을 수행케 했다.

그 뒤 신성군은 선조와 함께 북상하는 왜군을 피해 영변을 거쳐 의주로 피난을 가다가 1592년 12월 8일(음력 11월 5일) 사망했다. 의주에서 사망하여 그곳에 매장되어 있다가 임진왜란이 끝나고 1600년(선조

❀ 선조와 인빈 김씨와의 사이에 태어난 8남 의창군의 묘는 순강원 오른쪽 아래에 자리하고 있다.

✦ 칠궁의 삼문 모습이다. 삼문을 통과하면 정면에 덕안궁, 그 뒤로 저경궁이 나온다.

33년)에 도성의 왕실 묘역으로 옮겨졌다. 현재 신성군의 묘는 어머니인 인빈 김씨의 순강원 근처에 잠들어 있다.

운 좋게 저경궁의 주인이 되다

인빈 김씨는 참으로 운이 좋게 추존왕의 어머니가 되었다. 그녀의 아들 정원군이 중종의 아들 덕흥군처럼 대원군에 추숭되었다면 후궁인 창빈 안씨처럼 대원군의 어머니가 되었을 뿐 신주는 칠궁에 모셔지지 못했을 것이다. 아무튼 인빈 김씨는 손자를 잘 둔 덕분에 후세까지 극진한 대접을 받고 있다.

인빈 김씨 역시 왕을 낳은 7명의 후궁들 신주가 모셔져 있는 서울특별시 종로구 궁정동의 칠궁에 그녀의 신주도 당당히 자리하고 있다. 그녀의 궁호는 저경궁이다.

인빈 김씨는 추존왕 원종의 어머니이자 조선 제16대 왕 인조의 할

✤ 인빈 김씨의 신주가 모셔져 있는 칠궁의 저경궁(좌)과 저경궁 옆에 붙어 있는 희빈 장씨의 대빈궁(우)이다. 대빈궁 오른쪽에는 영빈 이씨의 선희궁과 수빈 박씨의 경우궁이 한 건물에 있다.

머니가 되었다. 그녀는 손자를 잘 두어 행운의 여인이 되어 왕을 낳은 후궁들의 사당이 모여 있는 칠궁에 입주하게 되었다. 인빈 김씨는 실제 왕은 아니어도 아들이 추존왕이 되어 왕을 낳은 어머니의 반열에 오르게 된 것이다.

처음 인빈 김씨의 사당은 1743년(영조 19년) 원종의 옛집이었던 송현방에 마련하였다. 이후 종실인 이증의 집으로 옮겨 모셨다가 1755년(영조 31년) 송현방으로 다시 옮기면서 저경궁으로 개칭하였다.

그리고 1870년(고종 7년)에 순조의 어머니 수빈 박씨의 사당인 경우궁 안 별묘(別廟)에 모셨고, 1908년(순종 2년) 육상궁 안으로 옮겨 오늘에 이르고 있다.

꽃대궐 구경도 못하고
세상 뜬 후궁

영조의 제1후궁이었던 정빈 이씨는 꽃대궐 구경도 몇 해 못하고 젊은 나이에 세상을 떴다. 그녀는 남편인 영조가 세제 시절에 세상과 이별을 고했다. 그녀가 낳은 추존왕 진종이 세자로 책봉될 줄도 모르고 그 아들이 3세 되던 해에 눈을 감았다. 창덕궁과 창경궁 사이에 있었던 동궁전 근처에 봄꽃들이 꽃 잔치를 벌이고 있다.

정조가 왕이 되면서
왕을 낳은 어머니가 되다

　정빈(靖嬪) 이씨(?~1721)는 이준철의 딸로 태어났다. 그녀는 동궁전 나인으로 궁에 들어가 영조가 연잉군일 때 첩이 되었다가 영조가 왕이 되면서 후궁이 되었다. 정빈 이씨는 아들 효장세자(추존왕 진종)가 왕이 되지 못하고 죽었지만 영빈 이씨의 손자인 정조가 아들의 양자가 되는 바람에 행운을 얻었다.

　사도세자(추존왕 장조)의 아들 정조는 영조의 명에 따라 양부인 효장세자의 뒤를 계승하여 왕으로 즉위하였다. 즉위 직후 정조는 효장세자를 진종으로 추존하였다. 정빈 이씨가 낳은 아들이 정조로 인하여 왕으로 추존되면서 왕을 낳은 어머니가 된 것이다. 본관은 함성이다.

　영조는 원비인 정성왕후 서씨에게서 아들은커녕 딸조차 소식이 없었다. 그런데 정빈 이씨가 1719년(숙종 45년) 영조가 왕위에 오르기

5년 전 연잉군 시절에 맏아들 경의군(추존왕 진종)을 사저인 창의궁에서 낳았다. 정빈 이씨가 첫아들을 낳아주었으니 고맙기만 했다. 정빈 이씨는 영조와의 사이에 1남 2녀를 낳았는데 경의군이 영조의 장남인 셈이다.

이후 그녀는 연잉군이 왕세제로 책봉되자 세자궁에 속한 내명부 종5품 소훈이 되었지만 1721년(경종 원년) 28세의 나이로 급작스레 생을 달리했다. 그때 경의군의 나이 3세였다. 그녀는 영조의 맏아들을 낳은 것으로 복이 다했나 보다.

영조에게 첫 아들을 안겨주니 빈이 되고

정빈 이씨는 죽었음에도 승차는 계속되었다. 승진에 승진을 거듭한 셈이다. 영조는 1724년 경종이 죽고 왕으로 즉위하자마자 정빈 이씨를 내명부 정4품인 소원으로 추증하였으며 다음해에 최고의 자리인

♣ 영조의 잠저 창의궁 터다. 영조가 연잉군 시절 정성왕후 서씨와 혼례를 치르고 출궁하여 숙종이 사 준 이곳 창의궁에서 살았다. 백송터와 추사 김정희 집터로 알려져 있는 이곳에서 영조와 정빈 이씨 사이에 추존왕 진종과 화순옹주가 태어났으며, 영조의 어머니 숙빈 최씨가 이곳에서 승하하였다. 그 후 화순옹주가 추사 김정희의 증조부 월성위 김한신과 혼례를 치른 후 영조가 그녀에게 하사하여 살게 했다.

✤ 추존왕 진종을 낳은 아버지 영조는 계비 정순왕후 김씨와 동구릉의 원릉에 나란히 잠들어 있다.

정1품 빈으로 승격시켰다.

《영조실록》을 보면 1725년(영조 1년) 왕세자를 탄생한 소원 이씨를 정빈으로 추증한다는 기록이 있다. 정빈 이씨의 아들은 1724년(영조 즉위년) 경의군에 봉해졌다가 다음해 7세 때 왕세자(효장세자)로 책봉되었다. 아들이 왕세자로 책봉되자 내명부 최고의 자리인 정1품 정빈의 봉호를 받은 것이다.

효장세자는 영조 3년(1727년) 9월 9일에 조문명의 딸과 혼례를 치르게 된다. 효장세자의 부인 효순왕후 조씨는 풍양부원군 조문명과 재취인 완흥부부인 이씨의 2남 1녀 중 외동딸로 1715년(숙종 41년) 태어났다. 세자빈 조씨는 영조의 장남인 효장세자와 가례를 올리고 영조의 큰며느리가 되었다. 효장세자의 나이 9세, 그녀의 나이 13세 되던 해의 일이다. 그녀의 본관은 풍양이다.

일반적으로 그 당시 왕세자는 9세나 11세에 결혼하였다. 이는 기수(奇數)와 우수(偶數)의 논리 때문이다. 홀수가 기수로 양수이며, 짝수가 우수로 음수이다. 우리 민족은 예로부터 음수보다는 양수를 길수(吉數)로 상서로운 수로 여겨왔다. 그리하여 효장세자도 10세에 결혼하려다 서둘러 한 것이다.

왕실의 결혼을 위하여 전국에 만15세 이하 규수들에게 금혼령이 내려진다. 이중 금혼이 제외되는 규수는 왕실과 같은 성씨인 전주 이씨, 왕세자의 이종과 고종, 8촌까지, 왕비의 동성 7촌, 이성 6촌, 전주가 본관인 성씨, 부모 모두 생존하지 않는 사람, 후취한 사람 등이었다.

그러나 영조는 왕세자빈 간택에서 후취한 사람을 구별하지 말라고 하였다. 이는 자신이 후취한 사람의 아들임을 염두에 둔 것으로 보인다. 자신이 그 입장이 되어보아야 소외된 사람의 마음도 헤아리게 됨을 영조를 통해서도 알 수 있다.

✤ 창경궁의 명정전이다. 이곳의 동남쪽에 추존왕 진종이 세상을 떠난 진수당이 있었다.

✤ 추존왕 진종과 효순왕후 조씨가 나란히 잠들어 있는 영릉의 정자각이다. 정자각으로 오르는 계단이 동쪽에
두 개 있는데 하나는 신계이고, 다른 하나는 어계이다. 신계에만 난간석이 설치되어 있다. 영릉의 신계 난간석의
꽃문양이 다른 왕릉에 비해 선명하고 아름답다. 서쪽에는 난간석이 없는 계단이 한 개만 설치되어 있다. 신이 정
자각을 통해 신교를 건너 능침으로 올라가기 때문에 한 개만 설치한 모양이다.

효장세자빈 조씨는 모든 관문을 통과하여 왕세자빈으로 간택되었
다. 그녀는 전국에 금혼령이 내려져 초간택, 재간택, 삼간택하여 당대
최고의 가문출신 최후의 3인 중에서 뽑힌 규수였다.

영조는 왕세자빈의 중요성을 강조하면서 그동안 도성 안이나 경기
도 일원에서 간택했던 것을 확대하여 전국에서 왕세자빈을 간택하도
록 명을 내렸다. 이처럼 조씨는 어렵게 간택되었지만 혼례를 치른 지
1년 2개월 만에 비운의 왕세자빈이 되고 만다.

효장세자가 관례를 치르고 1년 남짓 세자빈과 살다가 1728년(영조
4년) 11월 16일 창경궁의 진수당에서 요절하고 만 것이다. 왕세자로
책봉된 지 3년 만에 만 10년도 못 살고 요절하고 말았다.

영조는 애지중지하던 효장세자가 어린 나이에 죽자 슬픔이 하늘에
닿았다. 영조는 아들 효장세자가 사경을 헤매자 곤룡포까지 벗어던지
고 그를 끌어안은 채 "왕위라도 내놓을 테니 왕세자만은 구해 달라."고

✤ 추존왕 진종과 효순왕후 조씨가 나란히 잠들어 있는 파주 영릉의 재실이다. 세자에서 왕으로, 다시 황제로 추존되었지만 능침에는 병풍석에 난간석은커녕 석양과 석호도 4마리씩이 아닌 2마리씩만 있고, 무석인도 없다.

울부짖었다고 한다. 영조에게는 그때까지 적자가 한 명도 탄생하지 않았으며 후궁 소생으로도 효장세자가 유일한 아들이었다.

요절한 세자와 비운의 세자빈

효장세자의 빈 조씨는 그보다 4세가 많았다. 그녀는 14세의 어린 나이에 과부가 되어 홀로 살아가야 하는 운명이 되고 말았다.

남편 효장세자가 요절하면서 부인 조씨의 인생도 엉망이 되어버렸다. 그녀의 꿈도 함께 하늘 높이 날아가 버렸다. 결혼의 기쁨을 누리지 못한 채 홀로 남게 되었으니 이 무슨 날벼락이랴.

조씨는 결혼하자마자 남편 병수발만 하다가 청상과부가 된 비운의 왕세자빈이다. 요절한 왕세자의 빈들 중 그녀가 가장 마음고생을 많이 했을 것이다.

조씨는 어린나이에 혼자되었어도 시아버지인 영조에게 효를 다하였다. 남편을 일찍 보낸 죄책감에 남편의 몫까지 효도를 다하려 했다. 그 당시만 해도 남편이 일찍 죽으면 부인의 덕이 부족한 것으로 여기곤 하여 자책 속에 살아가는 여인들이 많았다. 남존여비사상 때문에 그랬을 것이다. 세자가 죽어 불쌍하게 된 사람이 세자빈인데 오히려 자신이 죄인인양 살아가야 했으니 이해가 안 되는 세상이었다.

세자빈 조씨는 그나마 복이 있었다. 그녀는 1735년(영조 11년) 현빈에 봉해졌으며, 남편 없이 23년을 홀로 살다가 37세의 나이로 1751년(영조 27년) 병으로 세상을 떠났다.

이미 조씨는 세상을 떠났지만 정조가 양자로 입적되어 효순현빈에서 효순왕후로 추숭되었다. 또한 1899년(융희 2년) 순종 때 가서는 대한제국 황후로 추존되어 효순소황후가 되었다.

정조를 현빈 조씨에게 양자로 빼앗긴 혜경궁 홍씨에게는 미안한 일이지만 어쩌겠는가? 정조가 왕위에 올랐을 때 현빈 조씨는 세상을 떠나 왕대비나 대왕대비 역할은 해보지 못했다. 그러니 아들 정조를 현빈 조씨의 양자로 주었을 때 혜경궁 홍씨의 마음이 어땠을지는 물어보나마나다.

현빈 조씨 역시 실제로 왕비에 오르지 않았지만 왕비로 추존되어 후손들에게 대접을 융숭히 받고 있다. 대접은 받고 있지만 그녀의 인생은 허무하기 짝이 없는 인생이었다.

양자를 잘 얻어 추존왕이 되다

영조는 장남인 효장세자가 죽고 어렵게 얻은 영빈 이씨 소생의 아들을 왕세자(사도세자)로 삼았다. 그런데 사도세자마저 왕위에 오르기 전 뒤주 속에 갇혀 비참하게 굶어죽자 그의 차남으로 태어난 정조를 세손으로 책봉하였다.

그 뒤 영조는 사도세자의 차남인 정조를 죽은 맏아들이자 정빈 이씨의 아들 효장세자에게 입적시키고 왕위를 계승하게 하였다. 사도세자가 죄인의 몸으로 죽었기 때문에 왕위에 오를 수 없으니 정조를 효장세자의 아들로 입적시킨 것이다. 할아버지 영조가 손자 정조에게 왕위를 물려주기 위해서였다.

효장세자는 자신의 양자가 된 정조는커녕 정조의 아버지 사도세자의 얼굴도 모른다. 그가 죽고 7년 뒤에야 사도세자가 태어났기 때문이다. 얼굴도 모르는 양자 덕을 톡톡히 보게 된다. 효장세자는 영조에 의해 이복동생인 사도세자의 아들을 양자로 들여 왕으로 추존되는 행운을 얻게 된 것이다. 그 후 양자인 정조가 1776년 즉위함에 따라 정빈

✤ 효장세자의 아들로 입적하여 왕위에 오른 정조는 효의왕후 김씨와 함께 건릉에 잠들어 있다. 건릉의 무석인은 능·원·묘 어디에서도 이렇게 웃고 있는 석물은 만나보지 못했다. '조선의 미소'가 아닌가 싶다.

이씨의 아들 효장세자는 죽은 지 48년 만에 진종으로 추존되었다.

영조의 뜻대로 효장세자의 아들이 되어 왕위에 오른 정조는 자신의 생부인 사도세자는 왕으로 추존하지 못하고 양부인 효장세자만 왕으로 추존할 수밖에 없었다. 정조의 마음은 많이 아팠겠지만 어쩔 수 없는 노릇이었다. 정조 덕분에 추존왕이 된 효장세자는 1908년(융희 2년)에는 황제로 추존되어 진종소황제까지 되었다.

효장세자(추존왕 진종)는 이복동생인 사도세자의 아들 정조 덕분에 왕으로 추존되어 능호도 받았다. 그의 능호는 영릉(永陵)이며 함께 왕비로 추존된 부인 효순왕후 조씨와 나란히 잠들어 있다.

다행히 이복동생인 사도세자도 1899년(광무 3년)에 장조로 추존되었다. 사도세자가 장조로 추존되어 진종의 마음이 가벼워졌을지도 모른다. 추존왕 진종과 효순왕후 조씨가 나란히 잠들어 있는 영릉에는 비각이 작은 것과 큰 것이 각각 설치되어 있다.

한 개의 작은 비각에는 '조선국 효장세자묘 효순현빈부좌(朝鮮國 孝章世子墓 孝順賢嬪祔左)'라 쓰인 비석이 세워져 있고, 큰 비각에는 '조선국 진

♧ 추존왕 진종과 효순현빈은 무덤 속에서도 승급을 하여 비석이 두 개의 비각 안에 세 개나 세워져 있다. 한 개의 작은 비각에는 '朝鮮國 孝章世子墓 孝順賢嬪祔左'라 쓰인 비석(좌)이 세워져 있고, 큰 비각에는 '朝鮮國 眞宗 大王永陵 孝純王后祔左'라 쓰인 비석(우)과 '大韓 眞宗昭皇帝永陵 孝純昭皇后祔左'라 쓰인 비석이 각각 세워져 있다.

✦ 정조가 큰아버지인 효장세자의 양자로 입적되어 큰어머니인 효순왕후 조씨도 왕비가 됨에 따라 추존왕 진종 부부의 신주는 종묘의 영녕전에 모셔져 후손들에게 큰 대접을 받고 있다.

종대왕영릉 효순왕후부좌(朝鮮國 眞宗大王永陵 孝純王后祔左)'라 쓰인 비석과 '대한 진종소황제영릉 효순소황후부좌(大韓 眞宗昭皇帝永陵 孝純昭皇后俯左)' 라 쓰인 비석이 각각 세워져 있다. 비석 부자인 추존왕 진종은 그의 비 효순왕후 조씨와 경기도 파주시 조리읍 삼릉로 89 파주삼릉 능역 안에 나란히 잠들어 있다.

　따지고 보면 추존왕 진종은 종묘사직에 딱히 한 일이 없다. 겨우 10년 밖에 살지 못했지만 종묘에 신주가 당당히 자리하고 있다. 실제 왕위 에도 오르지 않았는데 왕으로 추존되면서 종묘에 그와 부인 조씨의 신 주가 봉안되어 있다. 살아서 종묘사직을 위해 한 일이 없었지만 죽어서 누릴 것은 다 누리고 있다. 영조의 아들로 태어난 자체가 행운이었던 모양이다.

⚜ 수길원에는 추존왕 진종(효장세자)을 낳은 정조의 양할머니 정빈 이씨가 잠들어 있다. '사적 제359호 수길원'이라고 새겨진 표석조차 쓸쓸하다. 이곳이 정빈 이씨가 잠들어 있는 수길원임을 알려주고 있다.

14개의 원 중 가장 초라한 수길원에 잠들다

양자로 입적된 정조가 1776년(정조 즉위년) 왕이 되자 정빈 이씨는 하루 아침에 왕을 낳은 어머니가 되는 행운을 얻었다. 그에 따라 정빈 이씨에게는 온희(溫僖)라는 시호와 수길원(綏吉園)의 원호, 연호궁(延祜宮)의 궁호가 추상되었다. 정빈 이씨는 아들을 낳고 일찍 세상을 떠났지만 죽은 후 그녀의 신분은 수직 상승을 거듭하여 추존왕의 어머니에, 왕의 할머니까지 되었다. 이 모든 것이 그녀의 지아비인 영조의 명에 의해 사도세자의 아들 정조가 효장세자의 양자로 입적된 덕분이다.

하지만 영조와 영조의 제1후궁 정빈 이씨는 추존왕 진종을 낳고 아무리 부부사이가 좋더라도 이들 역시 함께 잠들 수 없었다. 아버지 영조는 계비 정순왕후 김씨와 동구릉의 원릉에 잠들어 있다.

정빈 이씨의 원호는 수길원이다. 수길원은 경기도 파주시 광탄면 영장리 266번지에 위치해 있다. 정빈 이씨는 시어머니 숙빈 최씨가 잠들어 있는 소령원의 지척에 잠들어 있다. 그래도 영조가 많이 사랑한 여인이었나 보다. 어머니 곁에 그녀를 잠들게 한 것을 보면 그렇다. 시어머니와 함께 그녀도 복이 많은 왕의 여인임에는 틀림없다.

시어머니 숙빈 최씨가 잠들어 있는 소령원과 달리 정빈 이씨의 수길원은 초라한 느낌이다. 홍살문이 있어 귀하신 몸이 잠든 곳임을 알 수 있을 뿐 정자각, 참도, 수복방, 수라간, 비각 등 아무런 전각이 남아

✿ 수길원의 정빈 이씨의 원소이다. 수길원에는 비석과 혼유석, 장명등이 나란히 놓여 있다. 봉분 주변에는 석양과 석호는 한 기도 없고, 석마를 대동하지 않은 문석인만이 망주석과 양쪽에 각각 한 기씩 서 있다.

있지 않다. 겨우 주춧돌 몇 개만이 남아 있다. 봉분이 있는 공간에도 그녀를 수호해야 할 석양, 석호도 없고, 석마가 함께하지 않는 문석인 한 쌍만이 자리하고 있다. 석양과 석호가 없는 능원은 이곳이 처음이다.

정빈 이씨의 봉분 바로 앞에 누구인지를 알려주는 비석이 있고, 그 앞에 혼유석과 장명등이 있다. 사초지도 윤기가 잘잘 흐르는 다른 왕릉이나 원과는 달리 밟으면 푹푹 들어간다. 사초지에 무슨 구멍인지 정확히 알 수 없지만 쥐구멍 같은 것들이 아주 많이 뚫려 있다. 두더지 구멍인가 싶기도 하고, 뱀 구멍이 아닌가 싶기도 했다. 사람들 대신 동물들이 그녀를 찾는가 싶어 마음이 좀 아팠다.

정빈 이씨의 수길원은 시어머니가 잠들어 계신 소령원과 마찬가지로 비공개 지역이라 철문이 항상 굳게 닫혀있는 곳이다. 철문 안에 그녀가 꽁꽁 갇혀 잠들어 있음을 알리는 안내 표지판과 표석이 쓸쓸이 자리하고 있다. 철문 안으로 들어서자마자 계곡물 소리가 발길을 잡을 정도로 시원하게 들린다. 그곳을 건너가야 그녀를 만날 수 있다. 금천교의 모습은 아니다. 하지만 숲이 너무 우거져 있고, 음산해 보이는 게 왠지 멧돼지가 달려 나올 것 같은 생각마저 든다. 그동안 비공개되고 있는 왕릉이나 원도 모두 답사했지만 다행히 멧돼지는 없었다. 내 발자국 소리에 놀라 달아나는 고라니나 다람쥐, 청설모 등을 만날 수 있었다. 그녀가 초라하게 잠들어 있는 수길원을 돌아보면서 왠지 그녀의 친손자가 왕위에 올랐으면 이보다는 더 대접을 받았을 것이란 생각이 든다.

그래도 그녀는 기쁠 것이다. 왕을 낳은 후궁들 말고 어느 후궁이 죽어서 이들처럼 대접 받고 있겠는가. 수많은 후궁들이 왕의 여인으로 살았지만 묘도 제대로 남아있는 게 별로 없다. 왕비가 낳지 못한 왕자를 낳았어도 왕이 되어야만 대접 받을 수 있었다. 그래도 왕이 사랑한 왕의 후궁들이라 길지를 골라 묻어주었을 것이다.

그러나 현재 후궁들의 묘가 잘 관리되고 있는 건 그리 많지 않다. 일제강점기와 광복 이후에 후궁들의 무덤을 파헤쳐 서삼릉 경내로 이장하여 공동묘지를 만들었기 때문이다. 그곳에는 21기의 후궁들 묘가

☙ 서삼릉 경내로 이장되어 있는 21기 후궁들의 묘. 정조에게 첫아들 문효세자를 선물한 의빈 성씨의 묘(좌)를 비롯 고종의 고명딸 덕혜옹주의 생모 귀인 양씨의 묘(가운데와 우) 등 왕이 사랑한 후궁들의 묘가 다닥다닥 모여 공동묘지를 형성하고 있다.

이장되어 다닥다닥 붙어 있다. 오히려 일반인들의 묘보다 옹색하고 초라하다. 그들을 만나는 순간 인간만사새옹지마임을 확인하게 된다. 그들은 살아생전에는 누린 게 많았겠지만 너무나 쓸쓸해 보인다. 꽃 한 송이 꽂혀 있는 묘도 없다.

서삼릉 경내에는 후궁들의 묘뿐 아니라 예종의 장남 인성대군과 고종의 첫 번째 아들 완화군(완왕)을 비롯하여 왕자의 묘가 9기, 공주의 묘가 14기나 이장되어 있다. 이곳 공동묘지로 이장되어 잠들어 있는 후궁, 왕자, 공주의 묘가 무려 44기나 된다.

그러니 정빈 이씨의 무덤이 초라하다고 불만을 토로할 일은 없어 보인다. 자신을 사랑해준 왕이 꾸며준 산 좋고, 물 좋은 곳에 자리한 원소에 그대로 잠들어 있는 것만 해도 행운이기 때문이다. 산짐승들이 찾아와 원소를 다소 헤집고 다녀도 크게 불평할 일이 아닌 듯싶다.

어떻든 정빈 이씨는 정조 덕분에 모자가 행운을 얻게 된 셈이다. 살다보면 뜻밖의 횡재를 할 수 있음을 정빈 이씨도 증명해주었다. 거기에 종묘 다음으로 큰 사당인 칠궁에 신주가 모셔져 있으니 무엇을 더 바라겠는가.

왕을 낳은 어머니로 추존되어 연호궁에 들다

정조는 양부인 효장세자를 왕으로 추존했지만 생부인 사도세자와

✥ 정빈 이씨의 사당인 연호궁이다. 연호궁은 영조의 어머니인 숙빈 최씨의 육상궁과 합사되어 있다. 숙빈 최씨가 큰며느리와 함께 있는 것이다.

어머니 혜경궁 홍씨를 왕과 왕비로 추존하지 못했다. 실제 정조를 낳아준 부모였지만 큰아버지인 효장세자의 양자가 되어 할 수 없는 노릇이었다. 정조의 친할머니인 영빈 이씨 역시 추존왕의 어머니도, 왕의 할머니도 될 수 없었다. 그때 정조의 마음은 안타깝기 그지없었을 것이다. 생부와 생모 대신 얼굴도 모르는 큰아버지와 큰어머니를 왕과 왕비로 추존했으니 하는 말이다.

정빈 이씨는 영조의 또 다른 후궁 영빈 이씨가 누릴 복을 자신이 누리게 되었다. 정조 덕분에 뜻밖의 횡재를 한 셈이다. 그리하여 그녀의 신주는 왕을 낳은 후궁들의 신주가 모여 있는 칠궁에 자리하게 되었다.

정빈 이씨는 아들 효장세자가 실제 왕은 아니었어도 추존왕(진종)이 되면서 왕을 낳은 어머니의 반열에 올랐다. 그러면서 그녀의 신주도 칠궁의 연호궁(延祜宮)에 들게 되었는데 정빈 이씨의 사당인 셈이다. 소원 이씨였던 그녀는 1725년(영조 1년) 남편인 영조가 왕으로 즉위하면서

✤ 정빈 이씨의 신주가 모셔져 있는 칠궁의 연호궁 현판과 중문이다. 육상궁의 현판은 연호궁 뒤에 걸려 있는데 육상묘라 새겨져 있다.

정빈으로 추증되었고, 양자가 된 정조에 의해 추존 왕비가 되었다.

그리고 1778(정조 2년) 정조는 정빈 이씨의 사당을 북부 순화방에 세웠다. 그 후 정빈 이씨의 사당인 연호궁은 1870년(고종 7년)에 육상궁 안의 별묘로 옮겼는데, 현재와 같이 한 건물 안에 숙빈 최씨와 합사된 내력은 분명하지 않다.

정빈 이씨의 아들 효장세자 역시 얼굴도 모르는 이복동생 사도세자의 아들 정조 덕분에 후손들에게 큰 대접을 받게 되었다. 효장세자가 실제 왕위에 오르지 못하고 왕세자 시절에 요절했지만, 정조가 양자로 입적되면서 추존왕이 되어 종묘에 신주가 봉안되어 있기 때문이다.

다행히 정조의 친할머니인 영빈 이씨도 좀 늦었지만 그녀의 아들인 사도세자가 1899년(고종 36년) 장조로 추존됨에 따라 칠궁에 신주가 모셔지게 되었다.

손자에게
죄인이 된 후궁

창경궁의 명정전을 뒤에서 바라보면 회랑이 멋스럽다. 창경궁은 누구보다 제21대 왕 영
조의 제2후궁 영빈 이씨가 낳은 사도세자의 아픔이 곳곳에 서려 있는 곳이다. 사도세자
는 창경궁의 집복헌에서 태어나 문정전 앞뜰에서 뒤주에 갇히는 참극이 빚어졌다. 끝내
선인문 앞 회화나무 아래서 뒤주에 갇힌 지 8일 만에 굶어 죽었다.

아들의 죽음을 지켜내지 못한
왕을 낳은 어머니가 되다

영빈(暎嬪) 이씨(1696~1764)는 증 좌찬성 이유번과 부인 김씨 사이에서 1696년(숙종 22년) 태어나 6세에 입궁했다. 그 후 제21대 왕 영조의 후궁이 되었다. 영빈 이씨 역시 정조를 손자로 둔 덕분에 아들 사도세자가 왕으로 추존되어 왕을 낳은 어머니가 되었다. 그녀의 본관은 전의다.

영빈 이씨는 사도세자(추존왕 장조)의 어머니이며 정조의 친할머니다. 그녀와 영조와의 사이에 태어난 자녀가 1남 6녀나 된다. 그녀의 외아들이 바로 남편 영조에 의해 뒤주에 8일 동안이나 갇혀 굶어 죽은 그 유명한 뒤주의 왕자 사도세자 추존왕 장조다.

영빈 이씨는 숙종의 제1계비 인현왕후 민씨와 희빈 장씨(장희빈)가 죽은 해인 1701년(숙종 27년) 6세에 궁녀로 입궁한 뒤 영조의 승은을 입었다. 500명이 넘는 궁녀들 중에 임금의 눈에 띄어 승은을 입는다는 것은 그 당시 어마어마한 사건이다. 주인공이 된 그녀는 영조가 왕이 된 후 1726년(영조 2년) 내명부 종2품인 숙의에 책봉되었다. 그 이후 1728년 종1품인 귀인이 되었다가 마침내 1730년 내명부 정1품인 빈의 첩지를 받아 영빈이 되었다.

영조의 제1후궁 정빈 이씨와 마찬가지로 영조의 제2후궁 영빈 이씨도 고속으로 승진에 승진을 거듭했다. 2년마다 승진이 된 셈이다. 영조는 영빈 이씨가 딸을 4명이나 낳고 난 뒤엔 아들을 낳으라고 명산에 기도를 하게 했다. 그런데 또 딸을 낳았다. 기다리던 아들이 나오지 않아 애가 탔던 모양이다.

영조의 간절한 기도 속에 사도세자를 낳다

영조에게는 장남으로 태어난 효장세자가 세상을 뜨고 더 이상 아들이 탄생하지 않았다. 그런데 영빈 이씨가 5명의 딸을 낳고 드디어 아들을 낳았다. 효장세자가 세상을 뜬 지 7년 만에 왕자가 태어난 것이다.

영조는 1735년 아들의 출생 때 직접 그녀의 곁을 지키고 있었다고 한다. 그럴 만도 했을 것이다. 영조에게는 왕비의 소생도 없었고, 정빈 이씨의 소생으로 원자였던 효장세자가 세상을 떠난 이후 아들을 학수고대하고 있었다. 영조가 기뻐하는 장면을 실록이 그대로 전하고 있다.

〈영빈 이씨가 원자를 집복헌에서 탄생하다〉란 기사를 소개해 본다.

영빈 이씨(暎嬪李氏)가 원자(元子)를 집복헌(集福軒)에서 탄생하였다. 그때 나라에서 오랫동안 저사(儲嗣)가 없으니 사람들이 모두 근심하고 두려워하였는데, 이때에 이르러 온 나라에서 기뻐하고 즐거워하였다. 시임대신(時任大臣)·원임대신(原任大臣) 및 여러 재신과 옥당(玉堂)에서 모두 나아가 청대(請對)하니, 임금이 이들을 인견하였다. 여러 신하들이 번갈아 하례하는 말을 올리니, 임금이 말하기를, "삼종(三宗)의 혈맥이 장차 끊어지려 하다가 비로소 이어지게 되었으니, 지금 다행히 돌아가서 열성조(列聖祖)에 배알(拜謁)할 면목이 서게 되었다. 즐겁고 기뻐하는 마음이 지극하니, 그 감회 또한 깊다."

《영조실록》 40권, 영조 11년 1월 21일 임진 1번 째 기사 1735년 청 옹정(雍正) 13년

이때 영조의 나이가 42세나 되었으니 얼마나 아들이 태어나기를 기다렸을지 짐작이 가고도 남는다. 이렇게 어렵게 아들을 얻은 영조는 생후 2년밖에 안 된 왕자를 서둘러 왕세자로 책봉했다. 그때만 해도 영

✤ 추존왕 장조(사도세자)가 태어난 창경궁의 집복헌.

✤ 창경궁의 문정전 뒤쪽에 숭문당이 있다. 숭문당은 글을 숭상한다는 뜻을 가지고 있다. 이곳에서 왕이 신하들과 경연을 열어 정사와 학문을 토론하던 곳으로 현판 글씨는 영조의 친필이다. 글을 숭상하면서 사람은 숭상하지 않은 게 탈이 되었다.

조가 자신이 83세까지 살리라고는 생각하지 못했을 것이다. 어찌 되었거나 사도세자는 영조의 사랑을 업고 왕세자로 책봉되었다. 그리고 1744년 10세 되던 해 동갑내기 홍봉한의 딸 혜경궁 홍씨와 가례를 올렸다.

이런 사도세자가 처음부터 문제가 있었던 것은 아니다. 사도세자는 이미 3세에 아버지와 대신들 앞에서 《효경(孝經)》을 외웠고, 7세에 《동몽선습(童蒙先習)》을 독파하였다. 서예를 좋아하여 수시로 문자를 쓰고, 시를 지어서 대신들에게 나눠주었다.

얼마 전 사도세자가 3세 때 써서 어유구에게 선물한 글씨가 서첩으로 만들어져 보관되어 온 것을 어유구의 8대손이 언론에 공개하였다. 어유구는 제20대 왕 경종의 장인으로 계비 선의왕후 어씨의 친정아버지다. 그 글씨는 3세가 썼다는 게 믿겨지지 않을 정도로 바르고 힘 있어 보였다. 이 정도로 사도세자는 어려서부터 똑똑하고 총명했다.

영조에게 아들은 사도세자뿐이었고 딸은 6명이나 되었다. 그런데 영조는 이상하게 날이 갈수록 아들보다 딸을 더 사랑했다. 그렇게 아들을 기다렸으면서도 하나뿐인 아들을 멀리하고 딸들을 더 챙긴 것이다. 그중 큰딸 화평옹주를 더욱 총애했다. 그런데 이미 세 딸은 일찍 죽었고, 큰딸 화평옹주와 영빈 이씨를 닮아 미색이었다는 다섯째 딸 화협옹주도 병을 얻어 숨지고 말았다. 그리하여 안타깝게도 여섯째 딸 화안옹주만 남게 되었다. 하나 남은 막내딸 화완옹주는 자녀와 지아비를 잃고 영조가 친히 대궐에 마련해준 거처에서 살아갔다.

사도세자가 왕세자로 책봉되고 1749년(영조 25년) 15세가 되면서 아버지 영조를 대신하여 서정을 대리하였다. 하지만 그때 그를 싫어하던 노론들과 영조의 계비 정순왕후 김씨와 후궁 숙의 문씨 등이 그를 무고하였다. 그 뒤부터 성격이 과격하고 급했던 아버지 영조는 사도세자를 수시로 불러 꾸짖었고, 그로 인하여 정신질환 증세를 보이기 시작하였다.

사도세자는 염라대왕처럼 무섭기만 했던 아버지 영조나 생모인 영빈 이씨보다 할머니 인원왕후 김씨와 어머니 정성왕후 서씨를 더 의지하고 좋아하였다. 영빈 이씨하고는 정이 없었던 모양이다.

사도세자는 그를 아껴주던 대왕대비였던 숙종의 제2계비 인원왕후 김씨와 영조의 원비 정성왕후 서씨가 한 해에 다 돌아가시고 난 후 병

✦ 사도세자의 참극이 벌어진 창경궁의 문정전(좌)이다. 영조의 학수고대 속에 태어난 사도세자는 왕위에 오르지도 못하고 창경궁의 문정전 뜰에서 참극의 주인공이 되고 말았다. 창경궁의 문정전 앞 문정문(우)이다. 문정전은 왕비들의 혼전으로 쓰이면서 잠시 이름이 휘령전으로 바뀌었다.

증이 더 심해졌다고 한다. 정성왕후 서씨의 국상 중에 숙종의 제2계비 인원왕후 김씨도 세상을 떠났다.

영조가 그렇게 끔찍하게 아끼고 자랑스러워했던 사도세자는 아버지의 질책에 점점 갈피를 잡지 못하고 내관이나 궁녀를 잔인하게 죽이는가 하면, 기생과 여승을 입궁시켜 난잡한 행동을 일삼았다. 한편 몰래 왕궁을 빠져나가 평안도 일대인 관서지역을 유람하기도 하였다.

사도세자의 돌발적인 행동이 계속되자 1762년 영조의 계비 정순왕후 김씨는 그의 아버지 김한구와 그 일파인 홍계희, 윤급 등의 사주를 받은 중인 건달 나경언에게 왕세자의 비행 10조목을 상소하도록 하였다. 나경언의 상소에 대신들은 왕과 왕세자를 능멸한 것이니 그를 엄벌에 처하라고 했다.

하지만 영조는 오히려 그의 상소 내용을 듣고 나라에 대한 충성이라며 오히려 아들 사도세자를 죽이기로 결심하였다.

사도세자 비참한 최후를 맞다

영조는 세자가 자신을 폐하고 새로운 왕국을 세우겠다고 했다는 나경언의 상소가 있은 후 화가 극에 달하였다. 이에 분개한 영조는 사도세자를 현재 소실되어 남아있지 않은 창경궁의 휘령전으로 불러 자결하라고 명하였다. 하지만 그는 부모님 앞에서 자결하는 것은 효에 어긋난다며 영조에게 항변하였다. 그렇다고 영조가 자신이 들고 있는 칼로 차마 아들을 죽일 수는 없는 일이었다.

그때 영조는 내관들에게 소주방에서 쌀을 보관하는 뒤주를 가져오라는 명을 내렸다. 그리고는 사도세자를 서인으로 폐하고, 그 뒤주에 가둬 굶어죽게 하였다. 그래도 칼로 자결하는 것 보다는 나을까 싶었는지 그는 순순히 뒤주 속으로 들어갔다. 차마 자신을 아버지가 뒤주 속에서 굶어 죽어가게 내버려 두겠나 싶었을지도 모른다.

영조는 사도세자가 쭈그리고 앉아 있는 뒤주의 문을 직접 닫고 자물쇠로 문을 걸어 잠갔다. 뒤주 안에 갇힌 그는 무릎을 세우고 쭈그리고 앉아 물 한 모금 받아 마시지 못하고 똥오줌 범벅이 된 채 그 속에서 처참히 죽어가야만 했다. 그는 한여름 뙤약볕 아래 뒤주 속에서 비가 내리면 빗물을 받아먹거나 자신의 오줌을 받아먹으며 8일을 버티다 그만 저세상으로 떠나고 말았다. 영조는 이런 어마어마한 참극을 연출했고, 사도세자는 그 참극의 주인공이 되어 죽어가야만 하였다.

그때 사도세자의 나이가 28세였다. 그는 그렇게 폐세자가 되어 뒤주 속에 들어간 뒤 살아나오지 못하였다. 1762년 음력 5월 21일, 사도세자는 비극적인 삶을 마감하였다. 다행히 뒤주에 들어가기 전 폐위되었다가 뒤주에서 죽어 나온 뒤 복위되었다.

어미로서 아들의 죽음을 말없이 지켜보다

이런 비극의 주인공을 낳은 어미가 바로 영빈 이씨이다. 영빈 이씨는 장차 왕위를 이을 아들의 죽음을 발 벗고 나서서 막지 못했다. 며느리 혜경궁 홍씨도 지아비가 죽어가는 것을 강 건너 불구경하듯 했다.

세손인 정조만이 할아버지인 영조에게 달려가 아버지를 살려달라고 몇 번에 걸쳐 "할바마마! 아비를 살려주십시오. 할바마마 아비를 살려주십시오."라면서 눈물로 호소했을 뿐이다. 영조는 세손이 관(冠)과 포(袍)를 벗고 사도세자의 뒤에 엎드려 호소했지만 이런 애틋한 호소를 끝내 받아주지 않았다.

생모 영빈 이씨 뿐만 아니라 혜경궁 홍씨, 딸 화완옹주도 사도세자를 구하는 데 소극적이었다. 그들 모두는 노론 측 집안의 딸들이었다. 소론을 지지했던 사도세자만 가족들에게까지 버려진 채 휘령전 뜰에서 뒤주 안에 갇힌 뒤 선인문 앞 회화나무 아래로 옮겨져 그만 세상을 떠나게 되었다.

자식이 세상을 떠났는데, 그것도 뒤주 안에서 똥오줌 범벅이 되어 굶어 죽어갔는데 그녀의 생각은 과연 어땠을까? 아들도 아들이지만 손자인 정조에게 더 많이 미안했을 것이다. 아들 사도세자의 비극적인 죽음으로 인해 손자인 정조가 상처투성이가 되어 살아갔을 테니 하는 말이다. 그녀는 아들 편에 서지 않고 오히려 영조에게 밀고(密告)를 하였다. 아들을 용서해달라는 게 아니고 밀고를 하면서 처단해 달라고 한 그녀를 이해하기 좀 어렵다.

《조선왕조실록》 어디에도 '뒤주'란 단어는 나오지 않는다. 《영조실록》 99권, 영조 38년 윤5월 13일 을해 2번째 기사에 "임금이 창덕궁에 나아가 세자를 폐하여 서인을 삼고, 안에다 엄히 가두었다."라고 기록되어 있을 뿐이다. 사도세자의 부인 혜경궁 홍씨가 쓴 《한중록》을 통해 뒤주에 갇혀 죽은 사실을 알게 된 것이다.

사도세자의 생모 영빈 이씨가 아들의 죽음 앞에서 남편인 영조에게 밀고를 하였다는 기록도 《영조실록》 99권, 〈세자를 폐하여 서인으로 삼고, 안에다 엄히 가두다〉란 제목의 기사에 모두 실려 있다.

영빈 이씨는 사도세자를 적극적으로 편들어주지 못했다. 아들인 사

✤ 추존왕 장조가 죽어가는 모습을 지켜본 창경궁의 회화나무의 봄·가을과 선인문이다. 영빈 이씨마저 아들 사도세자에게 등을 돌렸다. 사도세자는 끝내 오뉴월 땡볕에 캄캄한 뒤주 속에 갇혀 회화나무 아래서 8일 만에 굶어 죽어 갔다. 죽은 뒤 회화나무와 마주한 홍화문 남쪽에 나 있는 선인문으로 그의 시신이 나갔다.

도세자가 하루에도 6명~7명을 살생하여 100명이 넘는 사람을 죽였으니 아무리 어머니라 해도 도저히 아들을 지켜낼 수 없어 처단하라고 밀고했을 것이다. 그녀는 아들의 병세를 이미 알고 있었고, 왕세손 모자라도 지켜주기 위해 아들을 포기하는 쪽에 섰을지도 모른다. 그녀도 어머니로서 마음고생이 이만저만이 아니었을 것이다.

영빈 이씨에게 하나 뿐인 며느리 혜경궁 홍씨는 자신의 한 많은 일생을 남편인 사도세자의 참사를 중심으로 자서전적 사소설체로 쓴《한중록》을 남겼다. 이는 궁중문학의 효시가 되고 있다.

《한중록》은 사도세자와 살면서 쓴 글이 아니다. 남편인 사도세자가 사망하고 아들 정조가 왕위에 올라있을 때부터 쓴 글이다. 1795년(정조 19년) 친정 조카인 홍수영의 부탁으로 쓰기 시작하여 손자 순조가 왕위에 올라있을 때까지 네 번에 걸쳐 완성한 글이다.

혜경궁 홍씨는《한중록》에서 어떻게든 자신의 친정 가문의 명예를 회복시키려 애썼다. 그렇기 때문에 자신의 친정 집안을 신원하기 위한 목적으로 집필한 것이라는 주장이 어느 정도 설득력을 갖는다.

남편 사도세자의 병증에 대해 11세부터 28세까지 자세히 기록한 글에는 사도세자의 죽음을 두고 그녀가 직접 목격했던 당시 상황, 죽음의 원인과 결과를 밝히고 있다. 하지만 그 내용을 모두 사실이라고 받아들일 수 없다는 의견들이 학자에 따라 현재도 분분하다. 어찌 되었거나 그녀가 쓴《한중록》을 통해 사도세자가 뒤주에 갇혀 죽었다는 사실

사도세자가 그의 부인 혜경궁 홍씨와 융릉에 합장되어 잠들어 있다. 장명등을 버릇한 석물들의 조각이 너무 아름다워 눈물이 난다. 이처럼 아름다운 왕릉은 없다. 정조도 아버지의 능을 최고로 멋지게 조성해 드렸으니 크나마 눈을 편히 감을 수 있었을 것이다. 사도세자는 왕세자의 신분으로 세상을 떠났지만 아들 정조는 왕릉에만 세우는 무석인을 설치하였고, 무석인 옆에 석마도 설치하였다. 문석인 옆에는 석마가 없다.

은 알게 되었다.

영조는 아들의 묘지명에 아버지로서 아들을 죽게 만든 미안함과 안타까움을 구구절절 써서 남겨놓았다. 영조의 마음도 고통스러웠을 것이다. 아들인데 어찌 아니 그렇겠는가. 묘지명에 적힌 글은 아들인 사도세자를 어쩔 수 없이 죽여야만 했던 모진 아버지 영조의 진실된 마음이 녹아있다고 믿어진다.

영조는 사도세자의 장례일에 장지에 거둥하여 묘역도 직접 둘러보고 정자각에서 곡을 하였다. 그리고 제주(題主)에 직접 글을 썼다. 신주(神主)에 직접 글을 쓴 것이다. 그래야 아들을 죽음으로 몰아가도록 한 신하들이 신주를 그대로 파묻자 하지 않을 것이라 생각했을 것이다. 아들을 비참한 모습으로 죽게 만든 자신이 할 수 있는 최소한의 예의였을지도 모른다.

사도세자는 그렇게 참극의 주인공이 되어 죽어갔지만 그래도 다행인 것은 조선의 5명 폐세자 중 유일하게 복위되었다는 것이다. 그는 뒤주 안에 갇혀 있었던 8일 동안만 폐세자가 되었다. 그리고 그가 죽은 뒤 복위되어 사도(思悼)라는 시호가 내려졌다.

사도세자는 죽자마자 조울증에서 벗어났을 것이고, 마음도 편안해졌을 것이다. 그는 효성이 지극한 아들 정조를 비롯 아들을 셋이나 낳아놓고 죽었다. 덕분에 살아서는 왕이 되지 못했지만 죽어서나마 그의 후손들이 조선 제22대 왕 정조에 이어 제23대 왕 순조, 추존왕 문조,

제24대 왕 헌종, 제25대 왕 철종에 이어 제26대 왕 고종, 제27대 왕으로 조선의 마지막 왕인 순종 대까지 그의 후궁들이 낳은 아들들의 후손이 왕위를 계속 이어갔다. 그로 인하여 비운의 왕세자 중 한 사람이었던 사도세자의 아픔이 저승에서나마 조금은 씻겼을 것이라 여겨진다.

과인은 사도세자의 아들이다

사도세자가 죽고 난 뒤에도 영조는 10년 이상을 더 살다가 83세의 나이로 1776년(영조 52년) 죽었다. 그러자 사도세자의 아들인 정조가 왕통을 잇게 되었다.

사도세자가 죄인의 몸이 되어 세상을 떠나자 아들 정조는 왕위에 오르기 전까지 14년 동안 마음을 졸이며 살아왔다. 그러는 동안 7차례의 암살시도가 있었다고 한다. 정조는 암살 위협에 하루도 맘 놓고 누워서 잠을 이룰 수 없었다고 한다.

한편 사도세자와 혜경궁 홍씨와의 사이에는 아들이 한 명 더 있었다. 정조의 형인 의소세손(1750~1752)이다. 의소세손은 의소세자 또는 의소태자로 불리기도 한다. 이름은 정(琔)이고, 시호는 의소이다. 그는 조선 제21대 왕 영조의 장손이자 사도세자와 혜경궁 홍씨의 적장자이며 정조의 친형이다. 그리고 은언군, 은신군, 은전군의 이복형이다.

그런데 의소세손은 3세에 사망하고 말았다. 그래서 그가 사망한 해

✤ 정자각 뒤에 있어야할 능침이 정자각을 아예 비켜나 있다. 능침 앞에 정자각이 막혀 있으면 아버지가 답답할
까봐 정조가 그렇게 조성하도록 지시를 내렸다는 것이다. 어두운 뒤주 속에서 비참하게 죽어간 아버지에게 환한
세상만을 보여주고 싶어 정자각에서 15도 오른쪽으로 융릉을 조성한 효심 깊은 정조였다. 수복방마저 정자각의
오른쪽이 아닌 왼쪽에 수라간과 나란히 설치했다고 한다. 오른쪽엔 능침을 벗어난 비각만이 덩그마니 서 있다.
곡장 뒤 잉에서 바라본 융릉의 모습이다.

인 1752년에 태어난 정조가 세손으로 책봉되었고, 왕위에도 오르게
되었다.

정조는 조선의 제22대 왕으로 즉위하면서 대신들을 소견하고 "과
인은 사도세자의 아들이다."라고 공포했다. 사도세자가 정조의 친아버
지임을 만천하에 알린 것이다. 그리고는 사도세자를 장헌세자로 추존
하였다.

정조가 양자로 갔기 때문에 호적상 아버지는 효장세자였다. 그리하
여 정조는 비극적인 생을 맞이한 생부의 명예회복을 시켜드리지 못하
였다. 정조는 사도세자가 아무리 친아버지여도 그를 왕으로는 추존할
수 없었다. 안타깝지만 양부인 효장세자만 진종으로 추존하였다. 그때
정조의 심정이 어땠을지는 짐작이 가고도 남는다.

정조는 아버지를 죽음으로 몰아간 할아버지 영조를 좋아할 리 없었

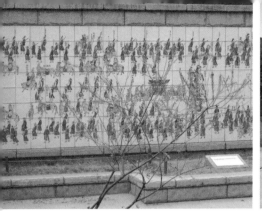 

✤ 청계천의 광교와 삼일교 사이에 길이 192m, 높이 2.4m의 크기로 타일벽에 그려 놓은 〈정조대왕 능행 반차도〉(좌)이다. 능행도에 어머니 혜경궁 홍씨가 탄 가마의 모습이 보인다. 정조는 아버지 추존왕 장조의 회갑을 기념하고 동갑인 어머니 혜경궁 홍씨의 회갑연을 화성행궁 봉수당(우)에서 열어드렸다.

을 것이다. 조선 왕릉을 보면 선왕과 다음 왕과의 사이가 좋고 나쁨에 따라 왕릉의 규모도 달랐음을 알 수 있다. 조선왕조 역사상 가장 긴 재위기간을 자랑하고 있는 영조의 능을 보면 알 수 있다.

영조의 능은 다른 왕릉에 비해 초라하기 그지없다. 그것도 제17대 왕 효종의 영릉(寧陵)이 있던 파묘 자리에 묘를 썼다. 효종의 영릉 석물에 틈이 생겨 비가 내리면 스며들어 불길하다며 여주의 세종과 소헌왕후 심씨가 잠들어 있는 영릉(英陵) 근처로 천장을 하였다. 정조는 사가에서조차 기가 다하였다 하여 쓰지 않는 파묘 자리에 영조를 묻었는데 그만큼 아버지를 죽게 내버려둔 할아버지가 미웠을지도 모른다.

✤ 융릉의 병풍석 인석에 조각된 연꽃봉오리는 보면 볼수록 아름다워 가슴이 설렌다. 병풍석의 조각도 아름다움의 극치를 보여주고 있다. 융릉 외 다른 추존 왕릉에는 병풍석이 둘러져 있지 않다. 그런데 정조는 아버지께 조선 왕릉 최고의 병풍석을 둘러 드렸다.

원래 영조는 자신의 아버지 숙종이 잠들어 있는 서오릉 내에 묻히길 원했다. 그리하여 먼저 세상을 떠난 자신의 원비 정성왕후 서씨 곁에 우허제까지 만들어 놓은 상태였다.

그러나 정조는 할아버지를 서오릉과 정반대 쪽의 동구릉에 묻었다. 영조와 함께 잠들고 싶어 계비 정순왕후 김씨가 원했는지는 모르나 정조의 사무친 원한이 고스란히 스며들었을 것으로 보인다.

이에 비해 사도세자(추존왕 장조)가 부인 혜경궁 홍씨와 합장되어 잠들어 있는 융릉을 관람하다 보면 정조는 누구보다 부모님을 위해 태어난 아들임을 확인할 수 있다.

정조는 돌아가신 부모를 곁에서 모시겠다는 일념으로 아버지의 묘를 천장하였다. 경기도 양주의 흉지에 있던 아버지 사도세자의 묘를 경기도 화성으로 이장한 것이다. 정조는 사도세자의 능호를 융릉(隆陵)으로 하고 어머니 혜경궁 홍씨(현경왕후 홍씨)와 합장릉으로 조성하였다. 현재 경기도 화성시 효행로 481번길 21 융·건릉 능역 안에 있다.

아들 정조는 사도세자(추존왕 장조)의 융릉에 세조에 이어 효종의 영

☙ 정조가 아버지 추존왕 장조의 신주가 모셔져 있는 경모궁으로 매월 초하룻날마다 참배를 가기 위해 창경궁의 정문인 홍화문 북쪽 담장을 헐고 만든 효행문이 월근문이다.

릉을 천장할 때 다시 폐지하기로 한 병풍석을 만들어 왕릉처럼 멋지게 꾸며 주었다. 보면 볼수록 화려함과 아름다움에 푹 빠지고 만다. 세계 문화유산에 등재된 남한에 있는 40기의 왕릉을 모두 답사했지만 융릉 보다 더 아름다운 조선 왕릉은 없다.

정조는 매년 능행을 거르지 않았다. 그리고 그는 55세 이후 왕위를 왕세자에게 물려주고 어머니와 아버지가 잠들어 있는 화성에 내려와 효를 다하며 살려고 하였다.

그러나 정조는 그 꿈을 이루지 못하고 49세의 나이로 안타깝게 눈을 감고 말았다. 정조의 묘 건릉은 그의 유지대로 아버지가 잠들어 있는 융릉 동쪽 두 번째 언덕에 조성되었다. 그러나 건릉의 자리가 길지가 아니라는 의견이 분분하여 효의왕후 김씨가 1821년(순조 21년)에 사망하자 현재의 자리로 옮겼다. 융릉에서 왼쪽으로 난 산책로를 따라가면 건릉이 나온다. 그곳에 효자인 정조와 효부인 효의왕후 김씨가 함께 잠들어 있다.

융릉은 여러 번 바뀌었다. 처음에 수은묘라 부르다가 영우원으로 바뀌었고, 다시 천장을 하면서 현륭원으로 바뀌었다.

고종은 대한제국으로 선언한 지 2년이 지난 1899년(고종 36년) 장헌세자를 장조로 올리고 현륭원을 융릉으로 높여 능으로 대우하였다. 고종은 사도세자를 장조로 추존한 뒤 이듬해 자신이 직접 쓴 비석을 융릉에 추가로 세웠다. 그리하여 융릉 비각 안에는 1789년(정조 13년) 세운 현륭원 비석과 1900년(고종 37년) 만든 융릉 비석이 나란히 세워져 있다. 증손인 고종에게 무덤 속에서나마 정조가 무척이나 고마워할 것으로 보인다. 그리고 같은 해 12월 장조의황제로 추존되었다.

추존왕 장조(사도세자)의 사당은 원래 순화방(서울시 중구 순화동)에 있었는데 1764년(영조 40년) 서울대학교병원 자리로 옮겨오면서 수은묘라 이름 붙였다. 그 후 1776년 정조가 즉위하면서 이름을 경모궁으로 고치고 전각을 건립하여 더욱 격식을 갖추었다.

정조는 아버지의 신주가 모셔져 있는 경모궁을 자주 찾아 제향을 올렸다. 창경궁에서 동북쪽에 월근문(月覲門)을 별도로 만들어놓고 그곳을 통해 경모궁을 찾았다. 경모궁의 담장에 일첨문과 월근문을 건립해놓고 수행인을 간단히 데리고 수시로 살펴보았고, 매년 5월 13일부터 21일까지 약 10일간을 재실에서 거처하였다는 기사도 실록에 기록되어 있다. 정조가 매월 초하룻날과 보름날마다 이 문을 통해 추존왕 장조의 사당인 경모궁을 참배한다는 뜻으로 월근문이라 이름을 지었다고 한다. 눈이 오나 비가 오나, 추우나 더우나 한 번도 거르지 않고 아

✿ 창경궁의 통명전 언덕 위 숲속에 혜경궁 홍씨의 침전인 자경전이 있었다. 현재 그곳에는 표지판만이 이곳이 자경전 터였음을 알려주고 있다. 이곳에서 추존왕 장조의 신주를 모셔 놓았던 경모궁 자리가 마주 보인다. 사도세자의 사당인 경모궁이 있었던 자리에 서울대학교병원이 들어서 있다. 현재 세 개의 신문 중 한 문과 정당터만이 애써 그 흔적을 말해주고 있다.

✦ 2011년 발굴된 정조의 건릉 초장지와 천장된 현재의 건릉이다. 1800년 정조가 세상을 뜨자 생전에 자신의 아버지 사도세자의 발치에 묻히기를 원했던 뜻을 받들어 옛 강무당 터(옛 군사훈련장)에 정조의 건릉을 조성하였다. 그런데 1821년(순조 21년) 정조의 비 효의왕후 김씨가 승하하면서 21년 만에 이 자리가 길지가 아니라면서 융릉의 서쪽 산줄기로 천장하여 정조와 효의왕후 김씨를 합장하였다. 아파트를 짓기 위해 터를 닦다가 건릉의 정자각 터가 발굴되어 조사에 들어간 결과 그동안 몰랐던 정조의 초장지였음이 드러났다.

버지의 사당인 경모궁을 참배했다고 한다.

이곳은 역대 왕들이 자주 들러 화초를 감상하고 활쏘기를 관람하는 궁궐의 동산 함춘원 자리였다. 함춘원은 나무와 꽃들이 심어져 있던 곳으로 성종 때 조성한 창경궁의 후원으로 낙산까지 이어질 정도로 그 규모가 컸다.

정조는 1777년(정조 원년) 아버지의 신주가 모셔져 있는 사당 경모궁과 마주 보이는 곳에 어머니 혜경궁 홍씨의 거처를 마련해주었다. 창경궁의 통명전 뒤쪽 언덕 위 전망 좋은 곳에 자경전이 있었다. 그러나 그 흔적은 사라지고 자경전 터가 있었음을 알리는 표석만이 현재 자리하고 있다. 그 정도로 정조는 아버지를 그리워했다.

추존왕 장조의 신주도 1899년(고종 36년) 고종황제가 장조의 존호를 올리고 종묘로 옮겨갔다. 그 후 유명무실해진 경모궁에 태조, 세조,

✤ 영빈 이씨의 남편 영조는 계비 정순왕후 김씨와 함께 원릉(좌)에 잠들어 있다. 영조의 원비 정성왕후 서씨는 아직도 서오릉의 홍릉(우) 우허제 곁에서 영조를 하염없이 기다리고 있다.

성종, 숙종, 영조, 순조 등 6명의 왕 어진을 모신 영희전을 조성하였다. 그 후 한일병합 후에는 경성제국대학교의 법문학부와 의학부가 들어서게 되었고 6·25때 건물이 소실되어 현재 그곳에는 흔적만 일부 남아 있을 뿐 서울대학교병원이 가득 들어서 있다. 꽃동산이었다는 말을 무색하게 하고 있다.

6남매를 앞세우고 죽은 영빈 이씨

아들의 죽음을 앞장서서 막지 못했던 영빈 이씨는 사도세자가 세상을 떠난 후 2년이나 더 살다가 1764년(영조 40년) 눈을 감았다. 어미로

✤ 연세대학교 교정 안의 옛 수경원 터에는 정자각과 비각이 주인을 잃고 서 있다. 영빈 이씨가 잠들었던 곳에는 연세대학교 교회와 주차장이 들어서 있다. 비각에 있던 비석은 영빈 이씨를 따라가 현재 비각은 텅텅 비어 있다.

사도세자의 어머니 영빈 이씨는 수경원에 홀로 잠들어 있다. 후궁은
결코 왕의 곁에 묻힐 수 없었다. 수경원에는 전각이 하나도 없다.

서 살아도 살아있는 게 아니었을 것이다.

영빈 이씨는 팔자가 무척이나 센 왕의 여인이었다. 이 세상에 자녀를 앞세워 보내는 것만큼 큰 아픔은 없을 것이다. 그런데 영빈 이씨는 유일한 아들 사도세자를 포함 6명의 자녀를 앞세웠다. 그녀는 1남 6녀의 자녀들 중 5명의 딸과 외아들이었던 사도세자와 장손(의소세손), 외손녀(화완옹주의 딸) 등의 죽음까지 지켜보아야만 했다. 1남 5녀가 그녀보다 일찍 죽고, 막내딸 화완옹주만이 그나마 천수를 누리다 세상을 떠났다. 만약 저 세상에서 아들을 만났다면 어머니로서 무어라 말했을지 너무 궁금하다.

화완옹주는 조카인 정조가 왕으로 즉위하면서 친오빠 사도세자의 죽음에 동조했다는 이유로 유형에 처해졌다. 또한 그녀의 시댁이 정씨 가문이었으므로 옹주에서 정처(鄭妻)로 격하되었다. 화완옹주도 친오빠보다 노론인 시댁을 선택했기 때문이다.

영빈 이씨는 영조가 총애한 여인이었지만 왕비가 아니었기에 영조

＋ 추존왕 장조의 생모 영빈 이씨의 묘지문이다.

✤ 영빈 이씨의 사당인 선희궁이다. 선희궁은 영빈 이씨와 손자며느리 수빈 박씨의 경우궁이 합사되어 신주가 한 건물에 있다. 현판도 앞뒤에 각각 걸려 있다.

곁에 잠들지 못했다. 영빈 이씨의 원호는 수경원(綏慶園)이다. 수경원은 경기도 고양시 덕양구 서오릉로 334-92, 서오릉 능역 안에 자리하고 있다.

영조는 영빈 이씨가 죽자 그녀의 장사를 후궁 제일로 치러주었다. 이듬해 영조는 의열이라는 시호를 내리고 의열묘(義烈廟)라 했다. 이후 의열궁(義烈宮)으로 불렀다가 다시 소유(昭裕)로 시호가 바뀌었다.

그 후 그녀는 고손인 제26대 왕 고종에 의해 아들 사도세자가 추존 왕 장조로 추존되면서 그녀의 묘도 승격되어 수경원의 원호를 받았다.

수경원은 원래 연세대학교 교정에 있었다. 현재 그곳에는 그녀를 이장할 때 따라가지 못한 정자각과 비각이 남아 있다. 비각에 있던 비석만이 그녀를 따라가 서오릉 능역 안에 새로 조성된 수경원 입구에 비각도 선물 받지 못하고 한데 그대로 서있다. 옛 수경원 터에 남아 있는 정자각 뒤에는 연세대학교 교회가 들어서 있다. 바로 그녀의 봉분이 있던 자리에 교회와 주차장이 들어서 있다. 그녀가 아닌 교회와 주차장이

정자각을 물끄러미 내려다보고 있을 뿐이다.

영빈 이씨는 친정 가문을 지키기 위하여 아들을 버린 매정한 어머니로 평가되고 있지만 아이러니하게도 그녀가 지켜주지 못했던 그 아들 사도세자 덕분에 왕을 낳은 후궁들의 사당인 칠궁에 신주도 자리하게 되었다. 아니 그녀의 아들이 낳은 손자 정조 덕분이다.

그녀는 아들 사도세자가 광기가 있어 어쩔 수 없이 그의 죽음을 지켜볼 수밖에 없었겠지만 가슴은 찢어진 채로 살다가 눈물로 세상을 떠났을 것이다. 그녀는 영조의 제2후궁으로 영조의 사랑을 받았지만 생각할수록 안타까운 왕의 여인이다.

영조는 처음 영빈 이씨의 사당을 1765년(영조 41년)에 순화방에 세우고 의열이라 하였다. 그 뒤 손자인 정조가 1788년(정조 12년)에 선희궁으로 개칭하였다. 건립 당시에는 지금의 서울특별시 종로구 신교동에 있었다.

그 후 1870년(고종 7년) 그녀의 신주를 영조의 생모인 숙빈 최씨의 사당인 육상궁으로 옮겼다가, 1897년(고종 34년)에 원래 있던 순화방으로 옮겼다. 1908년(순종 2년) 다시 육상궁으로 옮기는 등 변동이 잦았다. 현재는 서울특별시 종로구 궁정동 1-1번지에 위치한 칠궁의 선희궁에 자리하고 있는데 그녀의 손자며느리인 수빈 박씨의 경우궁과 한 건물에 있다.

영빈 이씨는 늦게나마 추존왕이긴 해도 왕의 어머니가 되어 대접을 받고 있다. 그녀가 지켜주지 못한 추존왕 장조는 실제 왕위에는 오르지 못했지만 유일한 적자 정조를 비롯하여 서자들의 후손들이 정조 이후 조선 마지막 왕인 제27대 왕 순종까지 왕위를 계속 이어갔다.

이로써 추존왕 장조의 죽음이 헛되지만은 않아 보인다. 후손들이 잘 풀린 것을 보니 아마 영빈 이씨가 죽어서 후손들이 잘 되기만을 빌고 또 빌고 있는 모양이다. 그래야 누구보다 친손자인 정조에게 덜 미안할 게 아닌가.

고종의 후궁
덕안궁 순헌황귀비 엄씨

추존왕 영친왕의 어머니

민비를 배신하고
승은을 입은 후궁

덕수궁은 순헌황귀비 엄씨의 희로애락이 배여 있다. 그녀는 명성황후 민씨가 살해된 뒤 제26대 왕 고종의 후비 역할을 했다. 그녀는 1885년 고종의 승은을 입은 다음 날 명성황후 민씨에 의해 쫓겨났다가 10년 만인 1895년 명성황후 민씨가 살해된 지 5일 만에 고종이 불러들여 이후 1897년 아들 의민황태자(영친왕)를 이곳 덕수궁에서 낳았다.

조선 마지막 황태자의
어머니가 되다

순헌황귀비 엄씨(1854~1911)는 증 좌찬성 엄진삼의 장녀로 철종 5년에 태어났다. 서울 출신으로 본관은 영월이다. 그녀는 1861년(철종 12년) 8세에 궁녀로 입궁하여 명성황후 민씨(1851~1895)의 시위상궁이 되었다. 그러다 보니 그녀 역시 순헌황귀비 엄씨보다는 엄상궁으로 더 널리 알려져 있다.

명성황후 민씨는 엄씨가 나이가 들고 상궁이므로 고종이 눈독을 들이리라고는 상상도 하지 못했다. 그런데 어느 날 아침, 엄씨가 승은을 입고 고종의 처소에서 치마를 뒤집어 입고 나왔다. 그 당시 승은을 입으면 임금과 동침한 것을 널리 알리기 위하여 동침한 방에서 치마를 뒤집어 입고 나오는 것이 관례였다. 그야말로 명성황후 민씨는 믿는 도끼에 발등을 크게 찍히고 만 것이다.

그 모습을 보고 대궐에 있던 사람들은 모두 놀랐고, 누구보다 엄씨를 믿었던 명성황후 민씨의 진노는 극에 달했다. 명성황후 민씨가 직접 고종을 가까이에서 모시고 호위하는 시위상궁으로 택했던 것인데 완전히 자신을 배신해버린 것이었다.

명성황후 민씨는 고종의 거듭된 사과에도 불구하고 엄씨를 바로 궁궐 밖으로 쫓아내고 말았다. 그 당시 고종은 명성황후 민씨에게 꼼짝 못했던 모양이다. 그녀의 출궁을 막지 못한 것을 보면 말이다. 어찌 되었거나 순헌황귀비 엄씨는 남녀의 사랑은 나이와 상관없고, 지위와 상관없음을 보란 듯이 증명해주었다.

시위상궁이 고종의 승은을 입다

1895년(고종 32년) 명성황후 민씨가 끔찍하게 살해되는 을미사변이 일어났다. 명성황후 민씨가 시해되자 고종의 황후로 엄씨가 아닌 광산 김씨 가문의 정화당 김씨가 간택되었다. 그런데 제대로 책봉도 받지 못하고 혼란스런 정치적 상황에 맞물려 강제 출궁되었다.

그런데 고종은 구관이 명관이란 생각이 들었을까. 명성황후 민씨가 살해된 지 5일 만에 기다렸다는 듯이 그녀를 불러들였다. 고종은 그때까지 그녀를 그리워하면서 살았던 모양이다. 그리하여 엄씨는 다시 궁궐로 들어와 고종을 섬기기 시작했다. 명성황후 민씨에게 쫓겨난 지

10년 만이었다. 처참하게 살해된 명성황후 민씨만 이래저래 죽어서도 울분을 토할 일이다. 명성황후 민씨가 세상을 떠났기에 망정이지 살아 있었다면 머리채를 잡히고 말았을지도 모른다.

엄씨는 일본의 삼엄한 감시를 피해 1896년(고종 33년) 음력 2월 11일, 일본에게 볼모로 잡혀 있던 고종과 순종을 러시아 공관으로 피신시킨 아관파천의 장본인이기도 하다.

그녀는 고종과 재회한 지 2년만인 1897년(광무 원년) 10월 20일, 그녀의 나이 44세, 고종의 나이 46세에 덕수궁의 숙옹재에서 장차 왕이 될 아들을 낳았다. 고종의 서3남으로 태어난 그녀의 아들은 조선의 유일한 황태자가 되었다. 공식명으로는 의민황태자이지만 영친왕 이은

✤ 옛 러시아공사관의 모형과 탑이다. 고종은 1895년 을미사변 이후 친일정부가 들어서면서 위협을 느낀 나머지 아들 순종과 함께 1896년 이곳에 있었던 러시아공사관으로 피신하여 1년간이나 머물렀다. 그때 순헌황귀비 엄씨가 아관파천을 도운 일등공신 역할을 했다.

✤ 치욕적인 고종의 길 120m가 122년만인 2018년 개통되었다. 고종은 태자인 순종을 데리고 이 길을 통해 러시아공관으로 향했다.

으로 더 알려져 있다. 그는 대한제국 최초이자 마지막 황태자이다.

어찌 되었거나 고종은 아들을 낳은 그녀에게 내명부 종1품인 귀인에 책봉하였고, 선영이라는 이름을 받았다. 그녀는 이제 더는 엄상궁이 아니었다. 1900년(고종 37년)에는 순빈으로, 1903년(고종 40년)에는 순헌황귀비로 진봉되어 덕수궁 안에 있는 명례궁 터의 경선궁에서 고종과 함께 살았다. 그러면서 실제적으로 국모 역할을 대신했다. 고종의 계비나 다름없었다.

고종은 퇴위 당하고, 영친왕은 볼모로 끌려가다

고종이 1897년 대한제국을 선포했기에 짧지만 13년간 황제국이 되었다. 그러나 고종은 1907년(고종 44년) 일제에 의해 강제 퇴위 당했고, 고종과 명성황후 민씨 사이에서 태어난 유일한 적자 순종이 즉위하였다.

조선 제27대 왕 순종은 몸이 약해 왕위를 이을 아들은커녕 아예 자녀를 한 명도 낳지 못했다. 그리하여 순종은 즉위하면서 서둘러 순헌황귀비 엄씨가 낳은 이복동생 이은을 황태자로 책봉하였다.

당시 11세밖에 안 된 황태자 이은은 너무나 의젓했다. 이은은 자신은 아직 많이 부족하고 종가의 맏아들도, 황자(皇子)도 아니라며 이복형인 순종에게 황태자 책봉을 거두어들이라는 상소를 올렸다.

그러나 황태자의 책봉은 거두어들이지 않았다. 그동안 왕위를 거머쥐기 위해 조카를 죽이고, 형제를 죽이고, 삼촌을 몰아내면서 피로 물들였던 조선 왕족의 모습이 아니었다. 모처럼만에 화기애한 형제의 정을 느낄 수 있었다.

하지만 이은은 1907년(순종 즉위년) 황태자로 책봉되면서 얼마 후 일본으로 끌려가야만 했다. 11세의 나이로 일본에 볼모로 끌려가는 비운의 황태자가 되고 말았던 것이다. 그리고 1910년 한일합방으로 그를 황태자로 책봉한 순종황제가 이왕으로 격하되고, 그는 이왕세자로 지

✦ 1910년에 완공된 대한제국 최초의 서양식 건물이 석조전이다. 뼈아픈 역사와 함께 한 석조전은 2009년부터 5년간의 복원을 거쳐 2014년 10월 '대한제국역사관'으로 개관해 현재에 이르고 있다. 고종과 순헌황귀비 엄씨의 추억이 곳곳에 배어 있는 곳이다.

위가 격하되었다.

일본이 나라를 빼앗아갔거나 말거나 영친왕은 1926년, 순종이 승하함에 따라 왕위를 계승하여 제2대 이왕이 되었다. 그는 창덕궁에서 왕으로 즉위하였다. 비록 일본에게 나라를 강탈당했으나 대한민국이 탄생하기 전까지는 조선이라 여겼기 때문에 순종이 승하한 1926년부터 1945년까지 그를 왕으로 추존해 이왕이라 불렀다. 이후 조선 제27대 왕《순종실록》의 부록 등에는 사왕전하(嗣王殿下)라 칭하였다는 기록이 등장한다. 창덕궁에서 형식적인 즉위식을 한 뒤, 순종의 비 순정황후 윤씨는 대비가 되어 뒷전으로 물러나야 한다며 사용하던 처소를 비우고 덕수궁으로 물러났다. 궁인들은 어쨌든 새로운 금상으로 즉위한 영친왕 내외를 경훈각이란 처소로 모셨다고 한다.

그런데 영친왕은 조국을 지키고 있었던 게 아니었다. 조선의 왕이면 나라를 지키며 조선의 땅에서 살았어야 했는데 그러지 못했다. 이런 연유로 그는 1948년 8월 15일 대한민국 정부수립 이후에도 돌아오지 못했다.

대한제국 유일한 황태자의 정략결혼

영친왕(의민황태자)은 1915년 일본중앙유년학교 본과를 졸업한 뒤 같은 해 11월 일본의 육군사관학교에 들어갔다. 그리고 그는 1917년 일본 육군사관학교를 졸업하였다. 그해 말 일시 귀국하여 체류하고 다시 일본으로 돌아갔다. 그 후 일본군 연대장, 교관 등을 거쳐 일본군 육군 중장에 이르렀다. 조선의 황태자가 조선을 망하게 한 일본의 군인이었다는 게 도무지 이해하기 어렵고, 마음이 아프다.

그 후 1919년 일본에 의해 정략결혼을 강요당하여 이방자 여사로 알려져 있는 일본 왕족 나시모토노미야 마사코(1901~1989)와 1920년 혼인하여 이듬해인 1921년 장남 이진(1921~1922)을 낳았다. 그러나 1922년, 고국을 방문하였다가 갑자기 아들 이진을 잃었다. 누구보다 영친왕 부부에게 너무나 슬픈 일이 아닐 수 없었다.

이진이 조국을 찾았다가 갑자기 죽은 게 이상하긴 하였다. 독살설이 나돌기도 한 이진은 서울 청량리동 숭인원에 잠들어 있다. 영친왕의 원자로 황세손이나 마찬가지기 때문에 생후 9개월도 채 안 되어 죽었지만 순종의 명에 의해 무덤을 원으로 조성하여 주었다.

생후 처음으로 조국을 방문했다가 사망한 영친왕의 장남 이진의 무덤은 영친왕의 생모 순헌황귀비 엄씨가 잠들어 있는 영휘원 건너편에 조성되었다. 그래도 이진이 조국에 와서 죽었기에 할머니 곁에 영원히 잠들 수 있었다고 본다.

사실 그녀의 아들 영친왕에게는 조선에 약혼녀가 있었다. 아마 영친왕이 일본에 끌려가지만 않았다면 그 여인과 가례를 치렀을 것이다. 1907년 그가 일본에 끌려가기 전에 혼약을 했었다. 그런데 그녀는 낙

동강 오리알 신세가 되고 말았다.

그 약혼녀의 이름은 민갑완(1897~1968)이다. 그녀는 명성황후 민씨의 친족인 승후관 민영돈의 딸로 태어나 11세 때 왕세자빈으로 간택되었다.

약혼자인 민갑완은 영친왕을 생전에 단 한번 보고는 다시 만나지 못한 채 독신으로 살다가 후두암에 걸려 일생을 마쳤다. 그녀는 1968년 3월 19일 오전 7시, 향년 72세의 나이로 한 많은 삶과 작별을 고했다. 그녀도 한이 많아 오래 살았던 모양이다. 영친왕과의 약혼으로 인해 평생 족쇄가 되어 살아가야만 했던 조선왕조가 만들어낸 또 한 명의 비운의 여인이었다.

민갑완은 끝내 영친왕을 만나보지 못하고 눈을 감았다. 조선왕조가 종말을 고하고 부활하지 못하면서 그녀의 꿈도 종말을 맞고 말았다. 조국의 광복 소식을 듣고 분하고 억울해서 "이게 뭐야? 나는 이게 뭐냐고!"라며 울부짖었다는 그녀를 생각하니 가슴이 아프다. 이미 영친왕은 일본 여자와 결혼하여 아들까지 낳았으니 민갑완이 다시 영친왕을 만날 수도 없는 일이었다.

영친왕과의 약혼으로 인해 평생을 독수공방하다 세상을 떠난 민갑완은 부산광역시 남구 용호동 천주묘지에 잠들어 있다. 그녀야말로 죽어서도 잠을 이룰 수 없을 것 같다. 영친왕이 잠들어 있는 영원(英園)에 달려가 날마다 억울함을 호소해도 시원하지 않을 그녀다. 무엇으로 그녀의 인생을 보상해 주어야할지 도무지 안개 속이다. 이제라도 영친왕 곁에 영원한 약혼자로만 살아온 민갑완을 함께 잠들게 하면 어떨까 하는 생각마저 든다. 이들의 이야기는 아주 먼 나라의 옛날이야기가 아니다. 바로 100년 남짓 지난 우리나라의 이야기다.

순헌황귀비 엄씨는 자신의 아들과 약혼한 민갑완의 앞날에 대해 생각해보았는지 모르겠다. 그녀는 오직 일본에 끌려간 아들만을 그리워하느라 약혼까지 해놓은 며느리에게는 관심조차 없었을지도 모른다. 그녀 역시 민갑완과 마찬가지로 영친왕만을 그리워하다가 끝내 만나보지 못한 채 눈을 감았다.

아들 영친왕은 일본의 황족 여인과 결혼하여 자녀를 낳고 일본인으로 살다가 1963년 일본에 끌려간 지 56년 만에야 조국으로 돌아오게 된다. 그러나 그는 귀국 당시 이미 뇌혈전증으로 인한 실어증에 걸려 병석에 누워만 지내다가 1970년 74세의 나이로 세상을 떠나고 말았다. 그리하여 영친왕은 조선의 비운의 황태자로 기록되고 말았다.

이은은 순종과 의친왕(1877~1955)과는 이복형제다. 사실 영친왕은 실제 왕위에 오르지 않았기에 정식적인 왕은 아니다. 영친왕은 조선이 문을 닫는 바람에 실제 왕이 되지 못하고 세상을 떴다.

조선은 태조에서 순종까지 27명의 왕만 정식적인 왕으로 인정하고 있다. 영친왕은 사후 전주 이씨 대동종약원에서 올린 시호로 정식 시호가 아닌 것이다.

조선왕조를 부활시키지 못한 마지막 황손들

그 당시만 해도 조선왕조가 종언을 고하기는 하였지만 다시 왕조가 부활하여 왕위를 계속 이어나가게 될 것이라고 백성들도 그랬겠지만 누구보다 이씨 왕족들은 더 희망을 가졌을 것이다.

1910년 8월 29일 일본에게 35년간 강제로 나라를 빼앗겼던 우리나라가 1945년 8월 15일 일본으로부터 독립을 했지만 영친왕의 이왕 자리는 인정되지 않았다. 일본식 교육을 받고, 일본 여인과 결혼하여 일본에서 거주한 영친왕에 대해 어쩌면 당연한 일이었는지도 모른다.

1947년 왕 공족제도가 폐지됨에 따라 신적강하(臣籍降下)에 의해 영친왕은 왕의 자격을 잃었으며 평민으로 강등되었다. 신적강하는 일본에서 황족이 그 신분을 이탈하여 평민이 되는 것을 뜻하는데 1947년 일본국 헌법이 시행되어 대부분의 황족들이 그 신분을 잃고 평민이 되었다. 이에 다른 황족들은 위로금을 지급받은 반면 군인이었던 영친왕은 위로금을 받을 수 없었다.

영친왕은 1948년 8월 15일 대한민국 정부 수립 이후에도 귀국이 허락되지 않았다. 당시 이승만 대통령의 반대로 좌절되었다. 그가 일본 왕족의 딸과 결혼하였다는 점과 일본군 육군 중장까지 지냈다는 점이 불리하게 작용하였다. 조선왕조가 부활한다는 건 있을 수 없는 일이 되어버렸다. 1960년 제2공화국 출범 이후 그의 귀국설이 일시적으로 제기되었으나 그때도 귀국하지 못하였다.

그 후 영친왕은 1961년 아들 이구(1931~2005) 부부가 있는 하와이 주를 방문하였다. 그런데 그곳을 방문하고 돌아오던 중 영친왕은 뇌출혈이 재발하였다. 그리하여 1962년 덕혜옹주(1912~1989)에 이어 1963년, 혼수상태인 채로 우리나라를 떠난 지 56년 만에 고국의 땅을 밟게 되었다. 그러나 그는 끝내 회복하지 못하였다.

고국에 돌아온 그는 '구황실재산법 제4조 시행에 관한 건'에 의거하여 국가에서 지급되는 보조금으로 생활하였다. 영친왕과 그의 비 이방자 여사는 고국에 돌아와 황족들이 마지막을 보낸 창덕궁의 낙선재에서 지냈다. 고국에 돌아와 계속 병상생활을 하다가 7년 후인 1970년 5월 1일, 74세에 사망하였다.

그가 사망한 뒤 미망인 이방자 여사는 창덕궁 낙선재에서 생활하면서 장애인복지시설인 명휘원을 운영하다가 덕혜옹주와 같은 해인 1989년에 사망하였다.

낙선재는 창덕궁과 창경궁의 경계에 자리하고 있다. 1884년 갑신정변 후에는 고종의 집무실로 쓰였고, 1917년 창덕궁에 불이 났을 때

✤ 영친왕은 일본에서 돌아와 7년여 동안 병원생활을 하다가 임종 직전에 창덕궁 낙선재의 수강재에 들어가 여기서 숨을 거둔다.

에는 순종이 내전으로 사용하였다. 그리고 조선의 마지막 황후인 순종의 계비 순정황후 윤씨가 1966년까지 살던 곳이며, 1963년 고국으로 돌아온 영친왕과 이방자 여사가 죽을 때까지 살던 곳이다. 고종의 외동딸인 덕혜옹주도 1962년 일본에서 고국으로 돌아와 낙선재 내 수강재에서 1989년 77살의 나이로 숨을 거둘 때까지 살았으며 장례식도 이곳에서 치러졌다.

원래 수강재는 조선 제6대 왕 단종이 조선 제7대 왕 세조에게 왕위를 빼앗기고 잠깐 머물렀던 수강궁 자리에 지어 이름을 수강재라 지었다. 1785년(정조 9년)에 지었고, 1827년(순조 27년)부터 대리청정을 했던 효명세자(익종)의 별당이었으며, 1848년(헌종 14년)에 헌종의 할머니였던 순원왕후 김씨의 거처로 중수하였다.

수강재는 낙선재 석복헌과 담장을 사이에 두고 있으며 낙선재 일대의 복원작업이 끝난 후 2006년부터 일반 관람객들에게 공개되었다.

영친왕의 원호는 영원(英園)이다. 영친왕은 경기도 남양주시 금곡동 141-1번지에 위치한 홍·유릉 능역 안의 영원에 그의 부인 이방자 여사와 합장하여 잠들어 있다. 그는 정식으로 왕위에 오르지 않았기 때문에 능호가 아닌 왕세자의 예로 원호가 추서되었다. 그래도 그의 신주는 그의 부인 이방자 여사와 함께 왕과 왕비들의 신주가 모셔져 있는 종묘 영녕전 제16실에 모셔져 있다.

영친왕과 이방자 여사 사이에서 태어난 장남 이진이 사망하고 9년

낙선재 일원의 건물들은 화려하게 단청을 한 궁궐의
다른 건물들과 달리 색을 입히지 않아 소박해 보인다.

✦ 순헌황귀비 엄씨가 낳은 영친왕이 그의 부인과 합장되어 잠들어 있는 영원이다. 조선이 문을 닫아가는 바람에 왕위에 오르지 못하고 일본 여인과 결혼해 두 아들을 낳고 그곳에서 살다가 병이 든 뒤에야 고국을 찾아온 영친왕은 부인 이방자 여사와 함께 잠들어 있다. 영원의 오른쪽 언덕에는 고종의 5남으로 이복형인 의친왕의 묘가 있다.

만인 1931년 12월에 어렵사리 차남 이구가 태어났다. 하지만 그는 우크라이나계 미국인 줄리아 멀록(줄리아 리)과 혼인하였다.

마지막 황태손으로 태어난 이구와 줄리아 멀록은 1958년 뉴욕의 유명한 건축가 사무실에서 만나 결혼을 했다. 그 뒤 두 사람은 1963년 한국에 들어와 창덕궁 낙선재에서 새로운 삶을 시작했다. 그러나 줄리아 멀록은 엄격한 궁궐생활을 견디기 힘들어했고, 파란 눈의 외국인 며느리를 탐탁지 않게 여긴 종친회는 후사가 없다는 점을 들어 이혼을 종용했다. 결국 부부는 별거를 거쳐 1982년 이혼했다.

이후 마지막 황세손 이구는 일본으로 건너갔고, 홀로 살다가 2005년 사망하였다. 줄리아 멀록은 한국에서 '줄리아 숍'이라는 의상실을 운영하며 홀로 지내다 1995년 미국 하와이로 건너가 그곳에 정착했다. 이구가 사망했을 때 그의 부인 줄리아 멀록이 하와이에서 장례식에 참석코자 찾아왔지만 정식 초대되지 못해 먼발치에서 눈물만 흘리다

☙ 순헌황귀비 엄씨의 장손 이진이 잠들어 있는 숭인원과 또 한 명의 손자 이구가 묻혀 있는 회인원이다. 아들 의민황태자(영친왕)도 실제 왕위에 오르지 못했고, 왕위를 이을만한 손자들도 모두 왕위를 잇지 못하고 조선이 문을 닫아버렸다. 그들은 조선의 왕도 대한제국의 황제도 아닌 마지막 황태자, 마지막 황태손이었을 뿐이다.

가 돌아갔다고 한다. 그러던 그녀는 2017년 94세의 나이로 미국 하와이 할레나니 요양병원에서 노환으로 별세했다. 그녀는 생전에 한국에 묻히길 간절히 바랐으나 입양한 딸이 화장한 뒤 유해를 태평양 바다에 뿌렸다고 한다. 마지막 황태손인 이구와 이혼을 하긴 했지만 왠지 그녀가 좀 안 되어 보인다.

　마지막 황태손이었던 영친왕의 둘째 아들 이구는 홍·유릉 능역 안의 회인원(懷仁園)에 홀로 잠들었다. 그의 부모님이 잠들어 계신 영원 오른편에 잠들어 있다. 영원과 회인원 등은 그동안 비공개지역이었는데

☙ 의민황태자와 마찬가지로 파란만장한 삶을 살다가 떠난 고종의 고명딸이며 의민황태자의 여동생인 덕혜옹주의 '결혼봉축기념비'와 묘소다. 고종의 유일한 딸 덕혜옹주는 일본의 대마도 도주의 아들과 마음에도 없는 결혼을 하였다. '결혼봉축기념비'는 대마도에 세워져 있고, 묘소는 그녀의 아버지 고종부부와 이복오빠 순종부부가 잠들어 있는 홍·유릉의 오른쪽 담장 너머에 자리해 있다. 의민황태자 부부와 가까이 잠들어 있다.

✤ 영친왕의 생모 순헌황귀비 엄씨가 묻힌 영휘원의 원소이다. 명성황후 민씨가 죽고 난 뒤 영친왕을 낳은 순헌
황귀비 엄씨는 고종의 후비 역할을 16년이나 톡톡히 하였다. 명성황후 민씨만 이래저래 통곡할 일이다.

지금은 누구나 관람할 수 있다. 홍·유릉 동쪽 담장 밖으로 영친왕의 영
원과 이구의 회인원, 덕혜옹주, 의친왕 등등의 묘가 자리하고 있다.

순헌황귀비 엄씨, 손자를 곁에 두고 잠들다

순헌황귀비 엄씨의 인생을 돌아보면 마지막까지 파란만장했다. 그
녀가 죽기 1년 전인 1910년(대한제국 순종 4년) 조선은 일본에게 국권을
빼앗기고 말았다. 조선이 망하지만 않았다면 그녀는 왕의 어머니가 되
고, 왕의 할머니가 되었을 것이다. 그러나 그녀의 복이 거기가 다였나
보다.

순헌황귀비 엄씨는 자신보다 더 소중했을 하나뿐인 아들과 헤어져
그 아들을 그리워하며 지내다가 1911년 58세를 일기로 덕수궁의 즉
조당에서 끝내 눈을 감았다.

순헌황귀비 엄씨의 원호는 영휘원(永徽園)이다. 엄씨는 고종에게 마

✦ 영휘원·숭인원의 재실과 어정의 봄·가을은 아름답기만 하다.

음에 드는 아들을 딱 하나 낳아주고 사망하여 서울특별시 동대문구 청
량2동 205번지의 영휘원(永徽園)에 꼼짝 않고 그대로 잠들어 있다.

　순헌황귀비 엄씨의 아들 영친왕은 그녀가 죽자 장례를 치르기 위해
고국을 방문했다. 그녀의 아들은 1907년(순종 즉위년) 일본으로 끌려가
서 4년 만에 조국의 땅을 밟은 것이다. 당시 그는 고종과 이야기할 때
도 통역사를 통해야만 의사소통을 할 수 있을 정도로 철저한 일본식 교
육을 받았다.

　순헌황귀비 엄씨의 제향절차를 마련하여 보고한 내용이《순종실록
부록》에 나와 있다. 원소의 석물이나 정자각 등의 건축은 순조의 생모
수빈 박씨의 휘경원의 예에 따라 참작하여 배열하고 건축하라고 적고
있다.

　고종은 그녀를 잊지 못해 다시 찾을 정도로 사랑했지만 그녀 역시
후궁 신분인 탓으로 그 곁에 잠들 수 없었다. 그녀가 잠들어 있는 영휘
원 경내에는 숭인원(崇仁園)이 함께 있다. 숭인원은 영친왕의 맏아들 이
진의 무덤이다. 그녀 곁에는 남편 고종이 아닌 손자 이진이 잠들어 있

♣ 영친왕의 아버지 조선 제26대 왕 고종과 명성황후 민씨가 합장되어 잠들어 있는 홍릉의 능침(좌)이다. 명성황후 민씨의 초장지였던 청량리 옛 홍릉 자리에는 표석(우)만이 쓸쓸히 남아 있다.

다. 이진은 순헌황귀비 엄씨의 장손이기도 하다.

영휘원에 잠들어 있는 순헌황귀비 엄씨는 제대로 영면하지 못하고 있을지도 모른다. 지아비인 고종이 그리워서도 그렇겠지만 그보다 아들 영친왕이 일본의 황족 출신 아내를 얻어 아예 일본인이 되어 그것도 군인으로 살아간 게 너무 억울해 잠을 이루지 못하고 있을 것이다. 그래도 그녀는 궁녀에서 왕비 대행까지 하면서 살다가 떠났으니 행복한 왕의 여인임에는 틀림없다.

영휘원 자리는 고종이 원래 왕실의 가족묘지로 정해놓았던 곳이다. 고종은 우여곡절 끝에 명성황후 민씨가 시해된 지 2년만인 1897년(고종 34년) 11월 22일 이곳 영휘원 자리에 명성황후 민씨의 무덤을 조성하였다. 그 이후 이 일대를 홍릉이라 불렀다.

고종은 자신이 죽은 뒤 순헌황귀비 엄씨와 나란히 잠들 수는 없더라도 같은 능역 안에라도 잠들고 싶었을지 모른다. 그래서 그녀를 명성황후 민씨가 잠들어 있는 홍릉 동쪽 편에 묻었을 것이다. 그녀를 명성황후 민씨와 같은 능역 안에 묻은 것만 보아도 고종이 얼마나 그녀를 사랑했는지 알 수 있다.

그러다 고종은 홍릉이 길지가 아니라며 길지를 찾아 명성황후 민씨의 홍릉을 이장하였다. 그리고 그도 그곳에 잠들기를 바랐다. 고종은 그녀보다 16년이나 먼저 세상을 떠난 명성황후 민씨와 함께 잠들어 있다. 고종이 명성황후 민씨를 천장하지 않고 청량리 옛 홍릉 자리에 잠들었다면 순헌황귀비 엄씨의 영휘원을 건너다보느라 정신없었을지도 모른다. 옛 홍릉 자리 건너편에 영휘원이 자리하고 있기 때문이다.

영친왕의 이복형인 순종은 순헌황귀비 엄씨 가까이에 아버지 고종을 묻어드리지 않았다. 순종은 1919년 3월 4일 화요일, 고종을 장사지내면서 경기도 남양주시 홍유릉로 352-1, 홍·유릉 능역 안의 홍릉에 아버지 고종을 모셨다. 명성황후 민씨의 유일한 아들 순종은 저세상

✿ 서삼릉 경내에 이장되어 있는 21기의 후궁들 안내 표지판과 고종의 두 번째 황후로 간택되었던 정화당 광산 김씨의 묘(좌)가 있다. 그녀 옆에는 고종의 또 다른 후궁 보현당 해주 정씨의 묘(우)가 자리하고 있다. 표지판이 없으면 어느 담장 안에 어느 후궁이 잠들어 있는지 알기 어렵다.

✤ 덕안궁은 영친왕의 어머니 순헌황귀비 엄씨의 신주를 모셔 놓은 사당이다.

에서라도 아버지와 어머니가 사랑하며 지내길 바랐을 것이다. 순종도 그의 부모님이 잠들어 계신 홍릉 곁 유릉에 잠들었다.

고종은 순헌황귀비 엄씨가 세상을 뜨고도 한참만인 1917년 5월에 정화당 김씨를 궁으로 불러들였다. 문제는 정화당 김씨를 궁으로 불러들였지만 고종이 사망할 때까지도 내전에 들어 그를 만난 적이 없었다는 사실이다. 그녀는 별당에서 지내야만 했다. 이미 나라도 일본에 넘어갔고, 정치적으로 힘을 쓸 수도 없었으니 그럴 수밖에 없었을지도 모른다. 그리고는 1919년 1월 21일 고종은 사망하였다.

왕으로 인해 또 한 명의 후궁이 시대를 잘못 만나 수절하면서 독수공방 신세로 살아가다가 세상을 떠날 수밖에 없었다. 정화당 김씨의 묘

⚜ 고종이 그토록 사랑했던 순헌황귀비 엄씨의 추억이 가장 많이 서려 있는 덕수궁의 대한문이다. 그녀는 덕수궁에서 고종과 사랑을 나누었고, 고종의 아들, 영친왕(의민황태자)을 낳았으며, 여기서 세상을 떠났다.

는 서삼릉 경내 21명의 후궁들이 이장되어 모여 있는 공동묘지에 자리하고 있다.

왕을 낳아 마지막으로 칠궁에 들다

순헌황귀비 엄씨는 후궁이었지만 왕이 될 아들을 낳았다. 조선이 망하지 않았다면 그녀는 실제 왕의 어머니가 되었을 것이다. 그래서인지 그녀는 왕을 낳은 어머니들과 같은 대접을 받고 있다.

순헌황귀비 엄씨는 왕의 여인으로 왕비가 되지 못한 7명의 후궁들을 모신 칠궁의 덕안궁에 신주가 모셔져 있다. 그녀의 아들 영친왕이 실제 왕위에는 오르지 않았지만 추존왕처럼 대접 받고 있기 때문이다. 그 후 1913년 태평로에 사당을 새로 지어 그녀의 신주를 옮겨 모셨다가 1929년에 왕을 낳은 왕의 어머니들의 신주가 모셔져 있는 육상궁 안으로 옮겼다. 그리하여 그녀가 칠궁의 마지막 입주자로 자리하게 된 것이다.

고종의 비인 명성황후 민씨가 일본에 의해 살해되고 그녀가 후궁이 되어 후비 역할을 한 공이 컸기 때문인가 보다. 또한 아들을 낳아 그 아들이 황태자로 책봉까지 되었으니 그만한 대접을 해주는 모양이다.

고종은 1897년(고종 34년) 영친왕을 낳은 그녀를 위해 경운궁(현재의 덕수궁) 안에 그녀가 거처할 곳을 짓고 경선궁(慶善宮)이라 하였다가, 1911년 그녀가 세상을 떠나자 이듬해 덕안궁으로 개칭하였다.

원래 덕수궁(옛 이름 명례궁)은 제7대 왕 세조가 수양대군 시절의 잠저였다. 세종이 세조에게 하사한 집이다. 세조의 원래 잠저는 태조 이후 역대 왕들의 어진을 모시고 제사지내던 영희전 자리로 현재 서울중부경찰서 자리에 있었다. 궁궐에 살던 왕자와 공주는 결혼을 하면 궁궐 밖에 나가 살아야 한다. 그랬기에 세조는 결혼하면서 아버지인 세종에게 이 명례궁을 사저로 선물 받게 되었다.

세조는 조카 단종을 몰아내고 왕이 되면서 이 집을 큰아들 의경세자에게 물려주었다. 그러나 의경세자(추존왕 덕종)가 세상을 뜨자 세자빈이었던 인수대비(소혜왕후 한씨)가 두 아들을 데리고 이곳에서 살았다. 그

러다 의경세자의 차남인 자산군이 왕이 되면서 이 집은 장남인 월산대
군의 몫이 되었다.

그 후 의주로 피난 갔던 선조가 임진왜란이 끝나고 한양으로 돌아
온 뒤 경복궁, 창덕궁, 창경궁 등이 모두 불에 타자 월산대군의 후손들
을 몰아내고 이곳 정릉 행궁을 임시 궁궐로 삼아 세상을 뜰 때까지 15
년 동안 지냈다.

아무튼 순헌황귀비 엄씨는 서구식 신교육에 관심이 많았다. 그리하
여 1905년(광무 9년) 양정의숙을, 그 다음해인 1906년 진명여학교를
설립했으며, 그 뒤에 숙명여학교를 설립하는데 거액을 기부하여 근대
사립학교 발전에 크게 공헌했다.

경복궁의 전경이다. 그 뒤로 청와대가 보인다. 청와대 서편, 영빈관 바로 옆에 칠궁이 자리하고 있다. 그
곳에 왕을 낳은 7명 후궁들의 신주를 모신 사당이 옹기종기 모여 있다. 그들은 왕이 사랑하여 왕을 낳았
지만 끝내 왕비는 될 수 없었다.

부록

정리된

조선의
역사를
만나다

조선왕계도

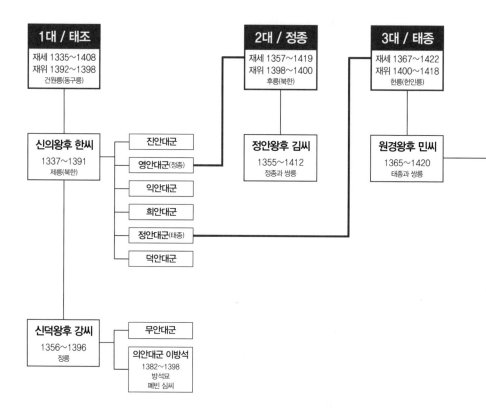

1대 / 태조
재세 1335~1408
재위 1392~1398
건원릉(동구릉)

2대 / 정종
재세 1357~1419
재위 1398~1400
후릉(북한)

3대 / 태종
재세 1367~1422
재위 1400~1418
헌릉(헌인릉)

신의왕후 한씨
1337~1391
제릉(북한)

진안대군

영안대군(정종)

익안대군

희안대군

정안대군(태종)

덕안대군

정안왕후 김씨
1355~1412
정종과 쌍릉

원경왕후 민씨
1365~1420
태종과 쌍릉

신덕왕후 강씨
1356~1396
정릉

무안대군

의안대군 이방석
1382~1398
방석묘
폐빈 심씨

■ 공빈 김씨　　　　　■ 인빈 김씨(저경궁)
■ 희빈 장씨(대빈궁)　■ 정빈 이씨(연호궁)
■ 숙빈 최씨(육상궁)　■ 영빈 이씨(선희궁)
■ 수빈 박씨(경우궁)　■ 순헌황귀비 엄씨(덕안궁)

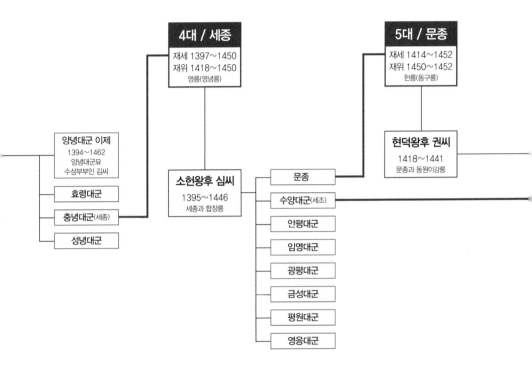

4대 / 세종

재세 1397~1450
재위 1418~1450
영릉(영녕릉)

5대 / 문종

재세 1414~1452
재위 1450~1452
현릉(동구릉)

양녕대군 이제

1394~1462
양녕대군묘
수성부부인 김씨

효령대군

충녕대군(세종)

성녕대군

소헌왕후 심씨

1395~1446
세종과 합장릉

현덕왕후 권씨

1418~1441
문종과 동원이강릉

문종

수양대군(세조)

안평대군

임영대군

광평대군

금성대군

평원대군

영응대군

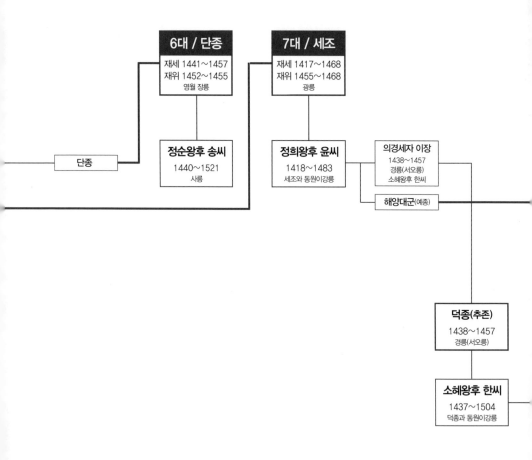

6대 / 단종

재세 1441~1457
재위 1452~1455
영월 장릉

7대 / 세조

재세 1417~1468
재위 1455~1468
광릉

단종

정순왕후 송씨

1440~1521
사릉

정희왕후 윤씨

1418~1483
세조와 동원이강릉

의경세자 이장

1438~1457
경릉(서오릉)
소혜왕후 한씨

해양대군(예종)

덕종(추존)

1438~1457
경릉(서오릉)

소혜왕후 한씨

1437~1504
덕종과 동원이강릉

■ 공빈 김씨
■ 희빈 장씨(대빈궁)
■ 숙빈 최씨(육상궁)
■ 수빈 박씨(경우궁)

■ 인빈 김씨(저경궁)
■ 정빈 이씨(연호궁)
■ 영빈 이씨(선희궁)
■ 순헌황귀비 엄씨(덕안궁)

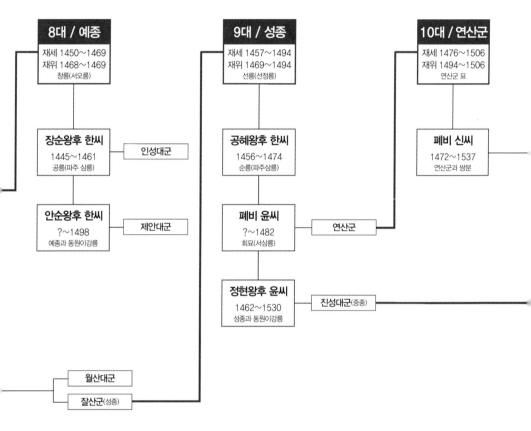

8대 / 예종

재세 1450~1469
재위 1468~1469
창릉(서오릉)

장순왕후 한씨
1445~1461
공릉(파주 삼릉) —— 인성대군

안순왕후 한씨
?~1498
예종과 동원이강릉 —— 제안대군

9대 / 성종

재세 1457~1494
재위 1469~1494
선릉(선정릉)

공혜왕후 한씨
1456~1474
순릉(파주삼릉)

폐비 윤씨
?~1482
회묘(서삼릉) —— 연산군

정현왕후 윤씨
1462~1530
성종과 동원이강릉 —— 진성대군(중종)

10대 / 연산군

재세 1476~1506
재위 1494~1506
연산군 묘

폐비 신씨
1472~1537
연산군과 쌍분

월산대군
잘산군(성종)

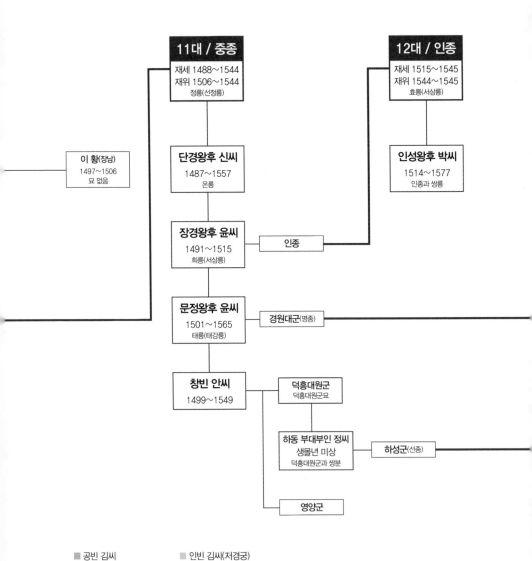

11대 / 중종
재세 1488~1544
재위 1506~1544
정릉(선정릉)

12대 / 인종
재세 1515~1545
재위 1544~1545
효릉(서삼릉)

이 황(장남)
1497~1506
묘 없음

단경왕후 신씨
1487~1557
온릉

인성왕후 박씨
1514~1577
인종과 쌍릉

장경왕후 윤씨
1491~1515
희릉(서삼릉)

인종

문정왕후 윤씨
1501~1565
태릉(태강릉)

경원대군(명종)

창빈 안씨
1499~1549

덕흥대원군
덕흥대원군묘

하동 부대부인 정씨
생몰년 미상
덕흥대원군과 쌍분

하성군(선종)

영양군

■ 공빈 김씨
■ 희빈 장씨(대빈궁)
■ 숙빈 최씨(육상궁)
■ 수빈 박씨(경우궁)

■ 인빈 김씨(저경궁)
■ 정빈 이씨(연호궁)
■ 영빈 이씨(선희궁)
■ 순헌황귀비 엄씨(덕안궁)

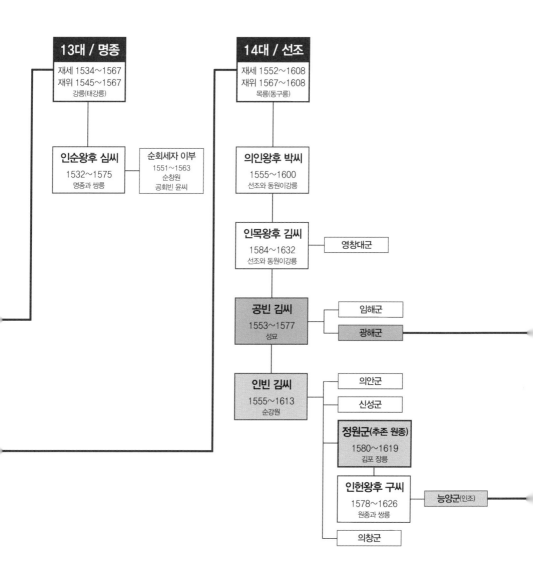

13대 / 명종

재세 1534~1567
재위 1545~1567
강릉(태강릉)

14대 / 선조

재세 1552~1608
재위 1567~1608
목릉(동구릉)

인순왕후 심씨

1532~1575
명종과 쌍릉

순회세자 이부

1551~1563
순창원
공회빈 윤씨

의인왕후 박씨

1555~1600
선조와 동원이강릉

인목왕후 김씨

1584~1632
선조와 동원이강릉

영창대군

공빈 김씨

1553~1577
성묘

임해군

광해군

인빈 김씨

1555~1613
순강원

의안군

신성군

정원군(추존 원종)

1580~1619
김포 장릉

인헌왕후 구씨

1578~1626
원종과 쌍릉

능양군(인조)

의창군

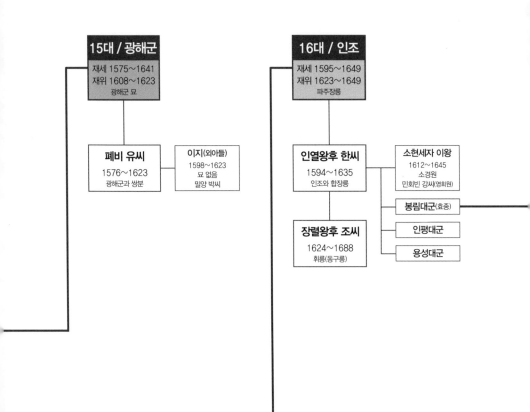

15대 / 광해군

재세 1575~1641
재위 1608~1623
광해군 묘

폐비 유씨

1576~1623
광해군과 쌍분

이지(외아들)

1598~1623
묘 없음
밀양 박씨

16대 / 인조

재세 1595~1649
재위 1623~1649
파주장릉

인열왕후 한씨

1594~1635
인조와 합장릉

소현세자 이왕

1612~1645
소경원
민회빈 강씨(영회원)

봉림대군(효종)

인평대군

용성대군

장렬왕후 조씨

1624~1688
휘릉(동구릉)

■ 공빈 김씨　　　　　■ 인빈 김씨(저경궁)

■ 희빈 장씨(대빈궁)　■ 정빈 이씨(연호궁)

■ 숙빈 최씨(육상궁)　■ 영빈 이씨(선희궁)

■ 수빈 박씨(경우궁)　■ 순헌황귀비 엄씨(덕안궁)

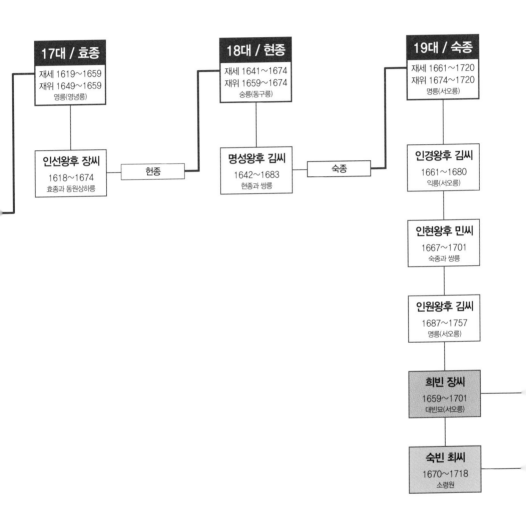

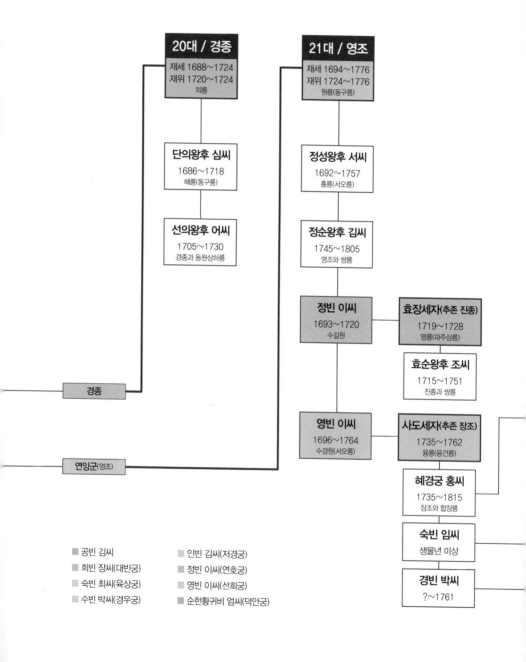

20대 / 경종

재세 1688~1724
재위 1720~1724
의릉

21대 / 영조

재세 1694~1776
재위 1724~1776
원릉(동구릉)

단의왕후 심씨

1686~1718
혜릉(동구릉)

정성왕후 서씨

1692~1757
홍릉(서오릉)

선의왕후 어씨

1705~1730
경종과 동원상하릉

정순왕후 김씨

1745~1805
영조와 쌍릉

정빈 이씨

1693~1720
수길원

효장세자(추존 진종)

1719~1728
영릉(파주삼릉)

효순왕후 조씨

1715~1751
진종과 쌍릉

경종

영빈 이씨

1696~1764
수경원(서오릉)

사도세자(추존 장조)

1735~1762
융릉(융건릉)

연잉군(영조)

혜경궁 홍씨

1735~1815
장조와 합장릉

숙빈 임씨

생몰년 미상

경빈 박씨

?~1761

- ■ 공빈 김씨
- ■ 희빈 장씨(대빈궁)
- ■ 숙빈 최씨(육상궁)
- ■ 수빈 박씨(경우궁)
- ■ 인빈 김씨(저경궁)
- ■ 정빈 이씨(연호궁)
- ■ 영빈 이씨(선희궁)
- ■ 순헌황귀비 엄씨(덕안궁)

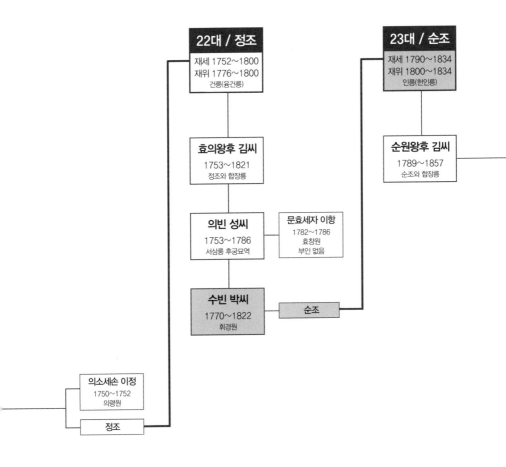

22대 / 정조

재세 1752~1800
재위 1776~1800
건릉(융건릉)

23대 / 순조

재세 1790~1834
재위 1800~1834
인릉(헌인릉)

효의왕후 김씨

1753~1821
정조와 합장릉

순원왕후 김씨

1789~1857
순조와 합장릉

의빈 성씨

1753~1786
서삼릉 후궁묘역

문효세자 이향

1782~1786
효창원
부인 없음

수빈 박씨

1770~1822
휘경원

순조

의소세손 이정

1750~1752
의령원

정조

은언군

은신군

은전군

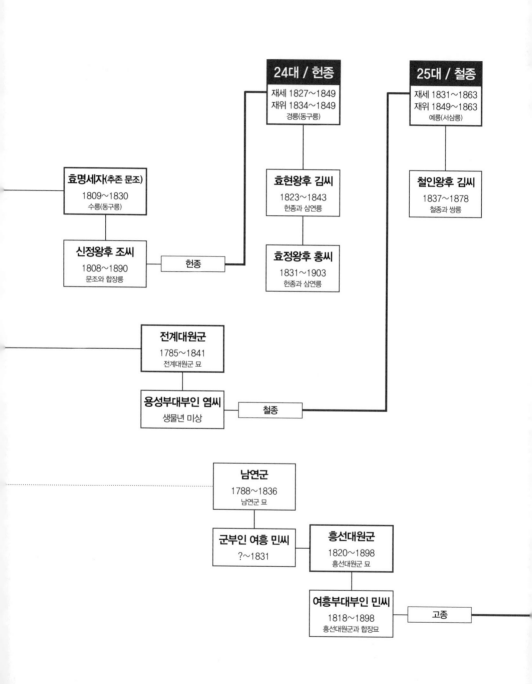

24대 / 헌종
재세 1827~1849
재위 1834~1849
경릉(동구릉)

25대 / 철종
재세 1831~1863
재위 1849~1863
예릉(서삼릉)

효명세자(추존 문조)
1809~1830
수릉(동구릉)

효현왕후 김씨
1823~1843
헌종과 삼연릉

철인왕후 김씨
1837~1878
철종과 쌍릉

신정왕후 조씨
1808~1890
문조와 합장릉

헌종

효정왕후 홍씨
1831~1903
헌종과 삼연릉

전계대원군
1785~1841
전계대원군 묘

용성부대부인 염씨
생몰년 미상

철종

남연군
1788~1836
남연군 묘

군부인 여흥 민씨
?~1831

흥선대원군
1820~1898
흥선대원군 묘

여흥부대부인 민씨
1818~1898
흥선대원군과 합장묘

고종

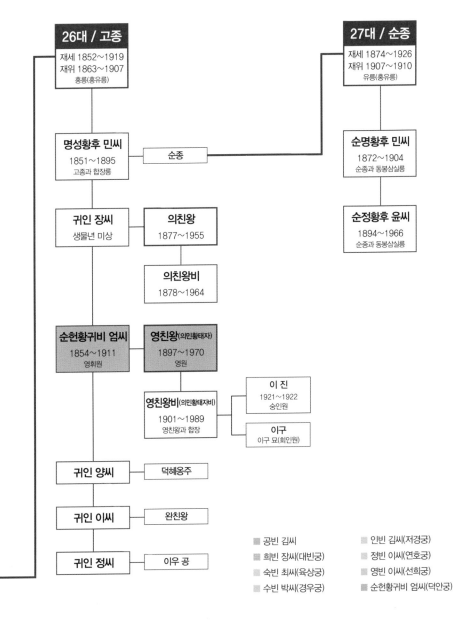

26대 / 고종
재세 1852~1919
재위 1863~1907
홍릉(홍유릉)

27대 / 순종
재세 1874~1926
재위 1907~1910
유릉(홍유릉)

명성황후 민씨
1851~1895
고종과 합장릉

순종

순명황후 민씨
1872~1904
순종과 동봉삼실릉

귀인 장씨
생몰년 미상

의친왕
1877~1955

순정황후 윤씨
1894~1966
순종과 동봉삼실릉

의친왕비
1878~1964

순헌황귀비 엄씨
1854~1911
영휘원

영친왕(의민황태자)
1897~1970
영원

이 진
1921~1922
숭인원

영친왕비(의민황태자비)
1901~1989
영친왕과 합장

이구
이구 묘(회인원)

귀인 양씨

덕혜옹주

귀인 이씨

완친왕

귀인 정씨

이우 공

■ 공빈 김씨
■ 희빈 장씨(대빈궁)
■ 숙빈 최씨(육상궁)
■ 수빈 박씨(경우궁)

■ 인빈 김씨(저경궁)
■ 정빈 이씨(연호궁)
■ 영빈 이씨(선희궁)
■ 순헌황귀비 엄씨(덕안궁)

조선의 왕릉 42기

조선시대 왕족의 무덤은 능·원·묘로 구분했다. 왕과 왕비의 무덤을 '능', 왕세손, 왕세자와 왕세자빈 및 왕을 낳은 후궁 등의 무덤을 '원'이라 했다. 또 폐위된 왕과 왕비를 포함한 왕을 낳은 대원군 부부 외 왕족의 무덤은 일반인과 같이 '묘'라 했다. 조선왕실의 무덤은 120기가 남아 있다.

그중 왕릉이 42기, 원이 14기, 묘가 64기다. 그 밖에 태조 이성계의 4대조 왕릉이 4기가 남아있다. 조선의 왕릉은 《국조오례의》와 《경국대전》에 근거하여 조성했다. 왕과 왕비를 하나의 봉분에 합장한 형태를 기본으로 했으나 능의 형식은 다양하다. 아래 표에서도 볼 수 있듯이 왕릉은 합장릉, 단릉, 쌍릉, 동원이강릉, 동원상하릉, 삼연릉 등 다양한 형식으로 조성되어 있다.

구분	왕·왕후 (추존왕·왕후 5기 포함)	능호	소재지	형식	사적
1	태조 원비 신의왕후 한씨 계비 신덕왕후 강씨	건원릉 제릉 정릉	경기도 구리시 동구릉로 197(인창동) 개성시 판문군 상도리(북한) 서울특별시 성북구 아리랑로19길 116(정릉동)	단릉 단릉 단릉	193호 208호
2	정종·정안왕후 김씨·	후릉	개성시 판문군 령정리(북한)	쌍릉	
3	태종·원경왕후 민씨	헌릉	서울특별시 서초구 헌인릉길 34(내곡동)	쌍릉	194호
4	세종·소헌왕후 심씨	영릉	경기도 여주시 능서면 영릉로 269-50(번도리)	합장릉	195호
5	문종·현덕왕후 권씨	현릉	경기도 구리시 동구릉로 197(인창동)	동원이강릉	193호
6	단종 정순왕후 송씨	장릉 사릉	강원도 영월군 영월읍 단종로 190(영흥리) 경기도 남양주시 진건읍 사릉로 180(사능리)	단릉 단릉	196호 209호
7 추존	세조·정희왕후 윤씨 덕종·소혜왕후 한씨	광릉 경릉	경기도 남양주시 광릉수목원로 354(진접읍, 광릉) 경기도 고양시 덕양구 용두동 475-92번지(서오릉)	동원이강릉 동원이강릉	197호 198호
8	예종·계비 안순왕후 한씨 원비 장순왕후 한씨	창릉 공릉	경기도 고양시 덕양구 용두동 475-92번지(서오릉) 경기도 파주시 조리읍 봉일천리 산15-1(파주 삼릉)	동원이강릉 단릉	198호 205호
9	성종·계비 정현왕후 윤씨 원비 공혜왕후 한씨	선릉 순릉	서울특별시 강남구 선릉로100길 1(삼성동) 경기 파주시 조리읍 삼릉로 89(봉일천리)	동원이강릉 단릉	199호 205호
10	연산군·폐비 신씨	연산군묘	서울특별시 도봉구 방학로17길 46(방학동)	쌍분	362호
11	중종 원비 단경왕후 신씨 제1 계비 장경왕후 윤씨 제2 계비 문정왕후 윤씨	정릉 온릉 희릉 태릉	서울특별시 강남구 선릉로100길 1(삼성동) 경기도 양주시 장흥면 호국로 255-41(일영리) 경기도 고양시 덕양구 서삼릉길 233-126(원당동) 서울특별시 노원구 화랑로 681(공릉동)	단릉 단릉 단릉 단릉	199호 210호 200호 201호
12	인종·인성왕후 박씨	효릉	경기도 고양시 덕양구 서삼릉길 233-126(원당동)	쌍릉	200호
13	명종·인순왕후 심씨	강릉	서울특별시 노원구 화랑로 681(공릉동)	쌍릉	201호
14	선조·원비 의안왕후 박씨 계비 인목왕후 김씨	목릉	경기도 구리시 동구릉로 197(인창동)	동원이강릉	193호
15 추존	광해군·폐비 류씨 원종·인헌왕후 구씨	광해군묘 장릉	경기도 남양주시 진건읍 사릉로264번길 140-66 경기도 김포시 장릉로 79(풍무동)	쌍분 쌍릉	363호 202호

구분	왕 · 왕후 (추존왕 · 왕후 5기 포함)	능호	소재지	형식	사적
16	인조 · 인열왕후 한씨 계비 장렬왕후 조씨	장릉 휘릉	경기도 파주시 탄현면 장릉로 90 경기도 구리시 동구릉로 197(인창동)	합장릉 단릉	203호 193호
17	효종 · 인선왕후 장씨	영릉	경기도 여주시 능서면 영릉로 269-50(번도리)	쌍릉	195호
18	현종 · 명성왕후 김씨	숭릉	경기도 구리시 동구릉로 197(인창동)	쌍릉	193호
19	숙종 제1 계비 인현왕후 민씨 제2 계비 인원왕후 김씨 원비 인경왕후 김씨	명릉 익릉	경기도 고양시 덕양구 용두동 475-92번지(서오릉) 경기도 고양시 덕양구 용두동 475-92번지(서오릉)	동원이강릉 단릉	198호 198호
20	경종 · 계비 선의왕후 어씨 원비 단의왕후 심씨	의릉 혜릉	서울특별시 성북구 화랑로32길 146-20(석관동) 경기도 구리시 동구릉로 197(인창동)	쌍릉 단릉	204호 193호
21 추존 추존 추존	영조 · 계비 정순왕후 김씨 원비 정성왕후 서씨 진종 · 효순왕후 조씨 장조 · 헌경왕후 홍씨	원릉 홍릉 영릉 융릉	경기도 구리시 동구릉로 197(인창동) 경기도 고양시 덕양구 용두동 475-92번지(서오릉) 경기도 파주시 조리읍 삼릉로 89(봉일천리) 경기도 화성시 효행로 481번길 21(안녕동)	쌍릉 단릉 쌍릉 합장릉	193호 198호 205호 206호
22	정조 · 효의왕후 김씨	건릉	경기도 화성시 효행로 481번길 21(안녕동)	합장릉	206호
23 추존	순조 · 순원왕후 김씨 문조 · 신정왕후 조씨	인릉 수릉	서울특별시 서초구 헌인릉길 34(내곡동) 경기도 구리시 동구릉로 197(인창동)	합장릉 합장릉	194호 193호
24	헌종 · 원비 효현왕후 김씨 계비 효정왕후 홍씨	경릉	경기도 구리시 동구릉로 197(인창동)	삼연릉	193호
25	철종 · 철인왕후 김씨	예릉	경기도 고양시 덕양구 서삼릉길 233-126(원당동)	쌍릉	200호
26	고종 · 명성황후 민씨	홍릉	경기도 남양주시 홍유릉로 352-1(금곡동)	합장릉	207호
27	순종 · 원비 순명황후 민씨 계비 순정황후 윤씨	유릉	경기도 남양주시 홍유릉로 352-1(금곡동)	합장릉	207호

조선의 원 14기

구분	원호	존호	소재지	사적	비고
1	순창원 (順昌園)	순회세자 공회빈 윤씨	경기 고양시 덕양구 용두동 475-92번지(서오릉)	198호	제13대 명종 적장자 부부
2	순강원 (順康園)	인빈 김씨 (제14대 선조의 후궁)	경기 남양주시 진접읍 내각2로 84-31, 외(내각리)	356호	추존왕 원종의 생모
3	소경원 (紹慶園)	소현세자	경기도 고양시 덕양구 원당동 산37-1(서삼릉)	200호	제16대 인조의 적장자
4	영회원 (永懷園)	민회빈 강씨 (소현세자빈)	경기도 광명시 노온사동 산141-20번지	357호	소현세자의 부인
5	소령원 (昭寧園)	숙빈 최씨 (제19대 숙종의 후궁)	경기도 파주시 광탄면 소령원길 41-65	358호	제21대 영조의 생모
6	수길원 (綏吉園)	정빈 이씨 (제21대 영조의 후궁)	경기도 파주시 광탄면 영장리 267	359호	추존왕 진종(효장세자)의 생모
7	수경원 (綏慶園)	영빈 이씨 (제21대 영조의 후궁)	경기 고양시 덕양구 용두동 475-92번지(서오릉)	198호	추존왕 장조(사도세자)의 생모
8	의령원 (懿寧園)	의소세손	경기도 고양시 덕양구 서삼릉길 233-126(원당동)	200호	추존왕 장조(사도세자)의 적장
9	효창원 (孝昌園)	문효세자	경기도 고양시 덕양구 서삼릉길 233-126(원당동)	200호	제22대 정조의 서자
10	휘경원 (徽慶園)	수빈 박씨 (제22대 정조의 후궁)	경기도 남양주시 진접읍 부평리 267 외	360호	제23대 순조의 생모
11	영휘원 (永徽園)	순헌황귀비 엄씨 (제26대 고종의 후궁)	서울특별시 동대문구 홍릉로 90 (청량리동)	361호	영친왕(의민황태자)의 생모
12	영원 (英園)	영친왕(의민황태자) 영친왕비(이방자)	경기도 남양주시 홍유릉로 352-1 (금곡동)	207호	제26대 고종의 서자 부부
13	숭인원 (崇仁園)	이진(황세손)	서울특별시 동대문구 홍릉로 90 (청량리동)	361호	영친왕(의민황태자)의 장남
14	회인원 (懷仁園)	이구(황세손)	경기도 남양주시 홍유릉로 352-1 (금곡동)	207호	영친왕(의민황태자)의 차남

부록 4

조선의 대원군 묘 3기

구분	원호	존호	소재지	사적	비고
1	덕흥대원군 이초	제11대 중종의 서자로 제14대 선조의 생부	경기도 남양주시 별내면 덕송리 산5-13번지	경기도 기념물 제55호	덕흥대원군과 하동부대부인 정씨의 쌍묘
2	전계대원군 이광	은언군(사도세자의 서자)의 서자로 제25대 철종의 생부	경기도 포천군 포천시 선단동 산 11번지	포천시 향토 유적지 제1호	전계대원군과 정실 완양부대부인 최씨의 합장묘와 철종의 생모인 용성부대부인 염씨의 단묘
3	흥선대원군 이하응	남연군(사도세자의 서자인 은신군의 양자)의 아들로 제26대 고종의 생부	경기도 남양주시 화도읍 창현리 산22-2번지	경기도 기념물 제48호	흥선대원군과 여흥부대부인 민씨의 합장묘

부록 5

태조의 4대조 왕릉 4기

구분	추존왕·왕후	능호	소재지	형식	관계
1	목조 효공왕후	덕릉 안릉	함경남도 신흥군 가평면 능리 함경북도 경흥에서 1410년(태종 10년) 천장함	동원상하릉	고조부 고조모
2	익조 정숙왕후 최씨	지릉 숙릉	함경남도 안변군 서곡면 능리 함경남도 문천군 문천면 능전리	단릉 단릉	증조부 증조모
3	도조 경순왕후 박씨	의릉 순릉	함경남도 흥남면 운남면 운흥리 함경남도 흥남시 마전리	단릉 단릉	조부 조모
4	환조 의혜왕후 최씨	정릉 화릉	함경남도 함흥시 귀주동	동원상하릉	부 모

조선왕릉 상설도

- 곡장曲墻 : 봉분을 보호하기 위하여 봉분의 동, 서, 북 삼면에 둘러놓은 담장
- 능침陵寢 : 능 주인이 잠들어 있는 곳, 능상陵上이라고도 한다.
- 병풍석屛風石 : 봉분을 보호하기 위해 봉문 밑부분에 둘러 세운 열두 돌. 병풍석에는 12방위를 나타내
  는 십이지신상을 해당 방위에 맞게 양각하였는데, 모든 방위에서 침범하는 부정과 잡귀
  를 몰아내기 위하여 새겼다. 둘레돌, 호석護石이라고도 한다.
- 지대석址臺石 : 병풍석의 면석을 받쳐 놓은 기초가 되는 돌
- 난간석欄干石 : 봉분을 둘러싼 울타리 돌
- 상계上階 : 능침과 혼유석, 석양, 석호, 망주석, 곡장이 있는 가장 위의 단으로 초계라고도 한다.
- 중계中階 : 문석인과 석마나 장병등이 있는 중간단
- 하계下階 : 무석인과 석마가 있는 아랫단
- 석양石羊 : 죽은 이의 명복을 빌며 땅속의 사악한 기운을 물리친다는 뜻으로 설치했다.
- 석호石虎 : 석양과 함께 능침을 수호하는 호랑이 모양의 수호신. 밖을 지켜보는 형태로 설치했다.
- 망주석望柱石 : 봉분 좌우에 각 1주씩 세우는 기둥. 혼령이 봉분을 찾는 표지의 구실을 한다는 설과
  음양의 조화, 풍수적 기능을 한다는 설 등 기능에 대해 여러 주장이 있다.
- 혼유석魂遊石 : 일반인의 묘에는 상석이라 하여 제물을 차려 놓지만, 왕릉은 정자각에서 제를 올리므로
  혼령이 앉아 쉬는 곳이다.
- 고석鼓石 : 북 모양을 닮은 혼유석의 받침돌. 사악한 것을 경계하는 의미로 귀면鬼面을 새겨 놓았다.
- 장명등長明燈 : 왕릉의 장생발복長生發福을 기원하는 등
- 문석인文石人 : 장명등 좌우에 있으며 두 손으로 홀을 쥐고 서 있다.
- 무석인武石人 : 문석인 아래에서 왕을 호위하고 있으며 두 손으로 장검을 짚고 위엄 있는 자세로 서 있다.
- 석마石馬 : 문석인과 무석인은 각각 석마를 데리고 있다.
- 예감예坎 : 제향 후 축문을 태우는 곳으로 석함, 망료위望燎位라고도 한다. 정자각 뒤 왼쪽에 있다.
- 산신석山神石 : 장사 후 2년 동안 후토신(땅을 관장하는 신)에게 제사를 지내는 곳으로 정자각 뒤 오른쪽에
  있다. 보통 예감과 마주 보는 곳에 자리하고 있다.
- 정자각丁字閣 : 제향을 올리는 곳으로 정丁자 모양으로 지은 집. 정자각에 오를 때는 동쪽으로 오르고 내
  려올 때는 서쪽으로 내려오는데 이를 일러 동입서출東入西出이라 한다.
- 비각碑閣 : 비석이나 신도비를 세워둔 곳. 신도비神道碑는 능 주인의 업적을 기록한 비석을 말한다.

- 참도參道 : 홍살문에서 정자각까지 이어진 길. 박석을 깔아 놓았으며 왼쪽의 약간 높은 길은 신이 다니
는 길이라 하여 신도神道라고 하고, 오른쪽 약간 낮은 길은 임금이 다니는 길이라 하여 어도
御道라고 한다.
- 수복방守僕房 : 능을 지키는 수복이 지내던 곳으로 정자각 오른쪽 앞에 있다.
- 수라간水喇間 : 제향 때 음식을 준비하는 곳으로 정자각 왼쪽 앞에 있다.
- 배위拜位 : 홍살문 옆 한 평 정도의 땅에 돌을 깔아 놓은 곳으로 왕이나 제관이 절을 하는 곳이다. 판위
板位, 어배석御拜石, 망릉위望陵位라고도 한다.
- 홍살문紅薩門 : 신성한 지역임을 알리는 문. 붉은 칠을 한 둥근 기둥 2개를 세우고 위에는 살을 박아 놓
았다. 홍문紅門 또는 홍전문紅箭門이라고도 한다.

참고문헌

《조선왕조실록》 설민석, 세계사
《한권으로 읽는 조선왕조실록》 박영규, 들녘
《왕릉》 한국문원
《왕의 상징 어보》 국립고궁박물관
《종횡무진 한국사 상, 하》 남경태, 도서출판 그린비
《매천야록》 황현, 문학과지성사
《연려실기술》 이긍익 공편, 민족문화추진회
《자해필담》 김시양
《조선선비 살해사건》 이덕일, 다산초당
《여기자가 파헤친 조선 왕릉의 비밀》 한성희, 솔지미디어
《조선의 선비》 이준구·강호성, 스타북스
《신들의 정원 조선왕릉》 이정근, 책보세
《한국민족문화대백과사전》 한국학중앙연구원
《브리태니커 세계대백과사전》 브리태니커, 동아일보 공동출판, 한국브리태니커회사
《두산백과》 동아출판사
《사도세자의 고백》 이덕일, 휴머니스트
《여인열전》 이덕일, 김영사
《조선왕 독살사건》 이덕일, 다산초당
《五大古宮》 윤종순, 성민출판사
《한중록》 혜경궁 홍씨, 마당미디어
《조선 사람들의 개성여행》 채수 외/ 전관수, 지만지 고전천줄
《조선왕비 오백년사》 윤정란, 이가출판사
《왕을 낳은 후궁들》 최선경, 김영사
《145년 만의 귀환, 외규장각 의궤》 이수미 외/ 국립중앙박물관
《고궁의 보물》 장경희, 국립고궁박물관
〈조선왕계도〉 국립고궁박물관
〈조선왕릉 답사수첩〉 문화재청
《조선왕릉실록》 이규원, 글로세움
《조선 왕을 말하다》 ① 이덕일, 역사의 아침

《조선 왕을 말하다》 ② 이덕일, 역사의 아침

《역사에게 길을 묻다》 이덕일, 이학사

《왕이 못 된 세자들》 함규진, 김영사

《왕릉풍수와 조선의 역사》 장영훈, 대원미디어

《조선의 왕비》 윤정란, 차림

《국립고궁박물관 길잡이》 국립고궁박물관, (주)씨마스커뮤니케이

《사치하는 자는 장 100대에 처하라》 책으로 보는 TV 조선왕조실록 ① KBS 〈TV 조선왕조실록〉 제작팀,
　　　　　　　　　　　　　　　　　　　　　　　　　　　　　　　　가람기획

《전하! 뜻을 거두어 주소서》 책으로 보는 TV 조선왕조실록 ② KBS 〈TV조선왕조실록〉 제작팀, 가람기획

《조선의 성리학과 실학》 윤사순, 삼인

《단종애사》 이광수, 우신사

《계축일기》 이혜숙, 창비

《인현왕후전》 우응순 주해, 마당미디어

《요화 장희빈》 2 이준범, 민예사

《궁궐에 핀 비밀의 꽃 궁녀》 신명호, 시공사

《명성황후-최후의 새벽》 쓰노다 후사코, 조선일보사

《역사저널 그날》 KBS 역사저널 그날 제작팀, 민음사

《한국향토문화전자대전》 한국학중앙연구원

《조선을 뒤흔든 16인의 왕후들》 이수광, 다산북스

《왕에게 가다》 문화재청, 조선왕릉관리소

《하멜표류기》 H.하멜, 신복룡 역주, 집문당

《조선전》 뒤 알드, 신복룡 역주, 집문당

《조선 서해 탐사기》 B. 홀 지음, 신복룡, 정성자 역주, 집문당

《조선의 숨겨진 왕가이야기》 이순자, 평단

《조선의 왕비와 후궁》 고궁박물관

《의유당관북유람일기》 류준경 신구문화사

《조선의 왕비와 후궁》 고궁박물관

《왕으로 산다는 것》 신병주, 매경출판

왕을 낳은 칠궁의 후궁들

ⓒ 홍미숙, 2020

초판 1쇄 발행 2020년 7월 1일

지은이 홍미숙
펴낸이 이경희

발행 글로세움
출판등록 제318-2003-00064호(2003.7.2)

주소 서울시 구로구 경인로 445(고척동)
전화 02-323-3694
팩스 070-8620-0740
메일 editor@gloseum.com
홈페이지 www.gloseum.com

ISBN 979-11-86578-84-1 03910